走近石窟

张从军 主编
刘允东 著

齊鲁書社

图书在版编目（CIP）数据

走近石窟/刘允东著. --济南:齐鲁书社,
2021.2
ISBN 978-7-5333-4435-1

Ⅰ.①走… Ⅱ.①刘… Ⅲ.①石窟—中国—文集
Ⅳ.①K879.204-53

中国版本图书馆CIP数据核字(2021)第027540号

责任编辑：张　超
装帧设计：刘羽珂

走近石窟

ZOUJIN SHIKU

张从军　主编　刘允东　著

主管单位	山东出版传媒股份有限公司
出版发行	齊魯書社
社　　址	济南市英雄山路189号
邮　　编	250002
网　　址	www.qlss.com.cn
电子邮箱	qilupress@126.com
营销中心	（0531）82098521　82098519　82098517
印　　刷	山东星海彩印有限公司
开　　本	720mm×1020mm　1/16
印　　张	11.75
插　　页	1
字　　数	171千
版　　次	2021年2月第1版
印　　次	2021年2月第1次印刷
印　　数	1—2500
标准书号	ISBN 978-7-5333-4435-1
定　　价	48.00元

序

小时候干农活儿，干到地头都要长喘一口气；大了编书，却怎么也编不完。这几册小书，从选题到完稿，居然花费了十几年的时间！终于熬到类似的图书不断问世，熬到新上任的出版社社长告老还乡。

说起这个题目，还是三十多年前的事，走进刚刚恢复开放的佛教寺院，因无知和疏远，浑然不知所指：佛教寺院的格局为何如此？寺塔为何形制多样？佛的面相、手相究竟都有什么含义？明明是雕刻在山岩上的佛教石造像，为何偏称为石窟寺？而且这个概念还被写进了国家的法律条文之中！种种不明，诸多疑惑，吸引着我们走近佛陀，走近佛陀的世界。

本来想写四册，第一册《走近石窟》，第二册《走近佛寺》，第三册《走近佛像》，第四册《走近佛教》，因为种种原因，只完成了三册。好在有关佛教历史、义理的书比比皆是，毋庸赘言。

斗转星移，改朝换代，中国的佛教也随着历史的进程几经起落，佛教的物质文化更是历尽风雨，留存到今天的已是凤毛麟角。从年代久远的石窟寺开始，在一座座寺院、佛塔的指引下，悄悄地走近佛陀的家族，看看历史留在这里的形象和印记，或许有助于加深我们对佛教的了解。

张从军

2016 年 7 月 7 日

contents

目录

第六章　西南地区

概述

如果提起石窟多少让人难以理解的话，那么说到佛教寺院，大家总能举出几个例子，说出一些认识，对于其用途也能“略知一二”。其实石窟就是佛教寺院的一种，是石窟寺的简称。只不过这种“寺院”有些特殊，是一种洞窟式佛教寺院建筑形式，一般开凿于临近河畔的山崖间。规模较大的石窟寺（如河南洛阳的龙门石窟）往往在崖壁上下多层开凿，密密麻麻，绵延不断，颇为壮观（图 1）。可是在崖壁上开凿洞穴并非简单易行之事，人们为何还要费尽心思，凿洞无数呢？这除了继承印度佛教的传统外，当然有着特定的宗教用途。无论是何种形式的寺院，都有着相同的使用功能。石窟寺的开凿目的之一是方便佛教信徒们禅定修行。作为佛教徒的一种修行方式，习禅需要相对安静的环境。有佛经记载，“山岩空谷间，坐禅而龛定，风寒诸勤苦，悉能忍受之”。石窟寺的开凿位置往往是山前河边，僻静有余，这就为那些佛教徒们的修行提供了静谧的外部环境，符合禅修的需求。

图 1　远远望去洞窟密布的石窟寺——龙门石窟

除此之外，僧俗信徒们为了修功德、祈福、求得佛祖的保佑，也会出资开凿石窟。这样既能表达虔诚，也利于保护佛像免受灾祸的破坏。当然了，与一般的佛教寺院相比，石窟寺还有更为实际的用途——不仅洞穴里冬暖夏凉，而且由于开凿在崖壁上，坚固的材料使得石窟寺比起木结构建筑更坚固耐用，防火性更强，因此更加持久。

佛教是世界三大宗教之一，起源于古印度，主要流行于亚洲地区。公元前 3 世纪前后，佛教开始自古印度向其他国家及地区传播。向南传到斯里兰卡和东南亚诸国，向北传入大夏、安息以及大月氏，并越过葱岭传入中国的西北地区，最后传入中国内地（图 2）。一般认为佛教在中国的传播有三条路线，除了自葱岭入西北一线外，还有一条海上路线和一条陆上通道。海上路线大约经印度洋，过马六甲海峡，到达中国南部沿海，继而沿海岸线北上。另一条陆路通道则是通过东南亚进入西藏地区，继而向内陆传播。佛教传入中国的具体时间尚不清楚，从目前的考古发现看，已经有较多东汉晚期的佛教造像在中国境内出土，如四川出土的东汉摇钱树上的佛像和墓室中的画像石，这似乎表明两汉之

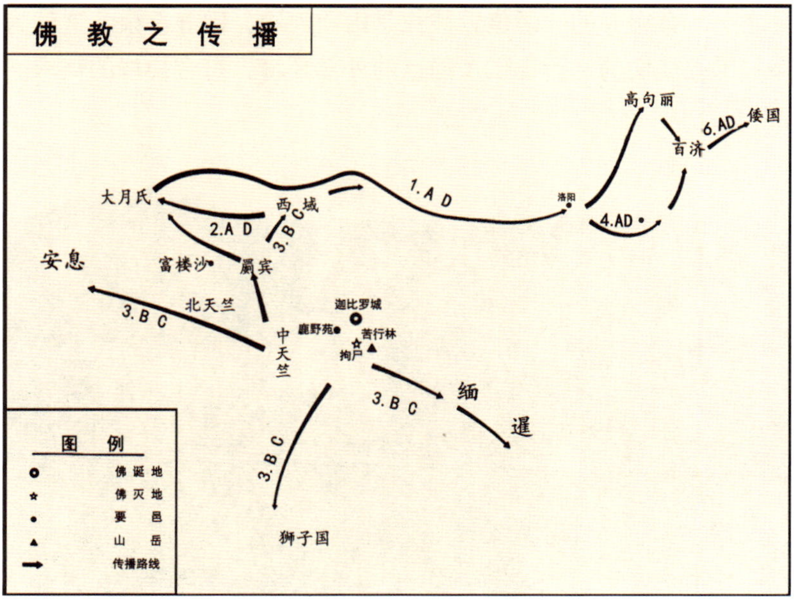

图 2 佛教传播路线

际佛教已经传入中国内地。而在较为偏远的地区，佛教活动开展得更早。

丝绸之路既是一条古代的贸易通道，同时也是一条文化交流之道，新疆地区即古代的西域为中西交通的要冲，在佛教东传过程中起到了重要的桥梁作用。当时的西域大国如于阗、龟兹等国佛教盛行，寺院林立。大约到公元 3—4 世纪，西域已经成为佛教活动中心。中国早期的石窟寺正是随着佛教的流布出现在这条古道的沿途的。新疆的克孜尔石窟是目前为止中国境内发现的开凿最早的石窟，相传开凿于 3—4 世纪。根据文献和窟内的题记资料可知，石窟寺的大规模开凿兴起于 4 世纪前后。新疆地区以外最早的石窟当数敦煌莫高窟了，始建于公元 366 年，此后从 5 世纪的南北朝一直到 14 世纪的元代，莫高窟成为中国规模最大、持续时间最长的古代石窟。自南北朝以后，佛教走向繁荣，开凿石窟之风遍及全国，除了新疆、甘肃等地继续增建外，又新开了许多石窟。从中原地区到华北、东北、华东、西南的许多省、自治区、直辖市，现在都保存有历代的石窟寺遗物，其中被国务院列入第一、二批全国重点文物保护单位名单的著名石窟就有 19 处之多，而作为各省、自治区、直辖市文物保护单位的石窟建筑就更多了。

石窟寺是佛教的建筑形式之一，自然与佛教关系密切。在印度，最早的石窟寺据说并非佛教徒所开凿，但是释迦牟尼创立佛教之后，佛教徒们借用了这种寺院形式，并使之流行起来。从建筑形式上看，印度的石窟寺主要有毗诃罗窟和支提窟两种。毗诃罗窟，梵文叫“Vihara”，是一种精舍式僧房，方形小洞，正面开门，供僧侣们居住、修行，又称僧房。支提窟，梵文叫“Caitya”，山洞面积较大，洞内有“窣堵坡”（佛塔）的形象，塔前供信徒集会礼佛拜佛，也称为“塔庙”，是沙门集会、诵戒、布萨的场所（图 3）。然而，石窟寺传入中国后，与中国传统文化相融合，形成了有地域特色的佛教建筑。从建筑形式上看，中国的石窟寺是在原来毗诃罗窟和支提窟的基础上进一步发展创新的结果，主要有如下几类：

1. 塔庙窟，又叫中心塔柱窟（图 4），由支提窟发展而来。

图 3　印度阿旃陀石窟内的支提窟

其特点是在窟的中心雕凿成塔柱或其他形式的柱子。在柱子四周雕刻或塑、绘佛像、佛传故事。柱子的周围形成一个回廊，四壁也雕刻或塑、绘佛像、佛传故事，飞天，动植物及各种图案花纹。窟顶做成穹隆形、覆斗形或方形、长方形的平綦（即天花），天花上也满布飞天和各种装饰。十六国北朝时期的石窟寺主要是中心塔柱窟，如莫高窟北魏第 254、257、248 窟，西魏时期的第 288、432 窟，北周第 290、428 窟就是这种形制。

2. 佛殿窟（图 5），即殿堂式窟，如同寺庙大殿，无中心塔柱，窟内往往雕绘有大型佛像、巨幅壁画，平面形状一般作方形，后壁开龛，窟顶作盝形，犹如一个倒扣着的斗，方便僧侣、信徒们参拜、瞻仰。莫高窟的第 272 窟就是典型的佛殿窟。

图 4　中心塔柱窟

3. 佛坛窟，是一种内设佛坛的窟形，如同寺院大殿和殿内中心设佛坛一样，佛教徒可以进入窟内，瞻礼膜拜佛祖偶像。敦煌的佛坛窟一般呈平面方形，覆斗顶，窟顶四角常有稍凹进之弧面，画四大天王。窟中心稍后砌佛坛，上塑菩萨像，坛四周与四壁之间保持距离，可作通道，坛前有阶陛，坛后沿有直抵窟顶的背屏。莫高窟第 98、100、108、61、55 窟（图 6）等均属于此类窟形。

4. 大像窟，佛殿窟和塔殿窟中雕塑大型佛像的石窟就是大像窟。甘肃敦煌莫高窟初唐第 96 窟、盛唐第 130 窟均属大像窟。最著名的大像窟恐怕要数云冈石窟中的昙曜五窟(即第 16—20 窟)了。如云冈第 20 窟（图 7），北壁主尊为一坐佛，肉髻较高，细

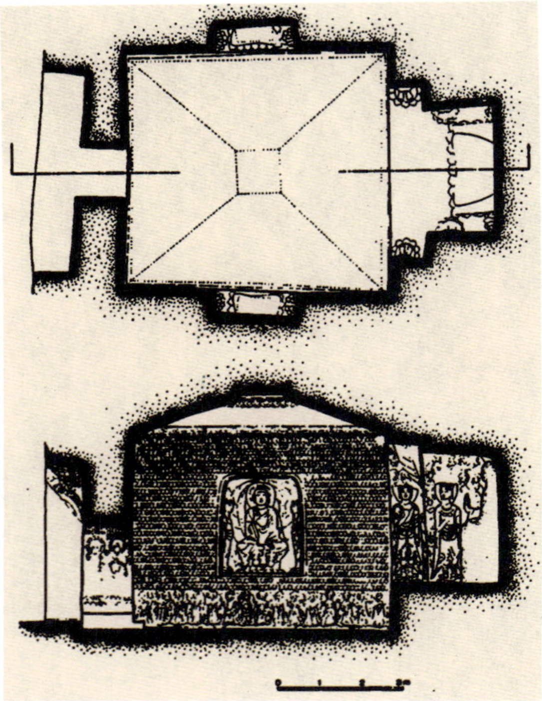

图 5　佛殿窟结构图　莫高窟第 420 窟

图 6　佛坛窟　莫高窟第 55 窟

图 7　典型的大像窟　云冈石窟第 20 窟

眉高鼻，两耳垂肩，薄薄的嘴唇上留有八字胡须，笑容满面，慈祥可亲；东西两壁各雕一立佛，是典型的大像窟。

5. 僧房窟，顾名思义，主要供僧侣生活起居的洞窟，属于日常生活类的窟龛。

6. 禅窟，又称罗汉窟，如同寺院禅堂，专供僧侣禅修的地方。小型禅窟数量众多，便组成了禅窟群。

以上几类仅是中国石窟寺的常见形制，事实上，石窟在从印度向中国传播的过程中，不同时期不同地区的人们会根据现实情况对原石窟的形式不断进行改造，最终呈现在世人面前的则是形态各异、富有民族特色的宗教建筑样式。在云冈石窟北魏中期的洞窟中，常常可以见到一种双窟，就是相同形制和同等规模、内容相连并紧挨在一起的两个洞窟，它们往往共用一个前庭，前庭

图 8 云冈石窟中的双窟

两侧建有立柱。如云冈的第 1、2 窟及第 5、6 窟都是这种形式（图 8）。

石窟寺内通常会雕塑有佛教人物形象。佛教人物形象往往以佛祖、菩萨、弟子、罗汉最为常见。人物之间有一定的搭配关系，比如一佛二弟子组合、一佛二弟子二菩萨组合。不同地区的造像会因地制宜，采用不同的材料。如敦煌一带的石窟内多采用泥塑的形式制作佛教人物，这可能与当地的岩石结构疏松有关。而黄河中下游地区如山西、河北、河南、山东等地岩石质地较好，宜于雕刻，多以石雕人物形象为主。

壁画也是石窟寺内不可或缺的艺术形式。从壁画的题材内容看，主要有佛像画、佛传故事、佛本生故事、因缘故事、经变画、寓言故事、神话传说及装饰图案等。其中佛传故事、佛本生故事

图 9　莫高窟第 428 窟涅槃变

在石窟壁画中占有相当的分量，非常精彩。佛传故事，是描绘佛祖释迦牟尼一生教化事迹的壁画，有些是根据佛陀一生的真实经历而来，有些则属神奇传闻、后世附会。常见的佛传故事有白象投胎、右胁而生、出游四门、夜半逾城、佛祖涅槃（图 9）等。从这些画面中我们可以清楚地看到后人附会在释迦牟尼身上的诸多“祥瑞”元素。佛本生故事是另一类比较常见的题材，主要描述的是佛祖在前世中教化众生、普行六度的种种事迹。如常见的尸毗王割肉贸鸽、毗楞竭梨王身钉千钉（图 10）、萨埵那太子舍身饲虎等，描绘了佛祖前世的种种善行。

集合了建筑、雕塑、绘画、石刻等诸多艺术形式后，石窟寺就不再是一处简单的宗教信仰场所，而是佛教艺术与文化的集合体，当我们走近石窟，也就走近了佛教艺术殿堂。

图 10　莫高窟第 275 窟钉千钉和燃千灯故事

第一章　西北地区

一、新　疆

克孜尔石窟

龟兹古国位于塔里木盆地北缘的库车、拜城一带，公元前 2 世纪踏入历史舞台。魏晋十六国时期，龟兹地区佛教逐渐兴盛起来，此后的数百年里，龟兹人在此开凿了规模宏大的石窟群，库木吐喇石窟、森木塞姆石窟、克孜尔石窟……这些石窟形制独特，属中国境内开凿时代最早的一批石窟，被专家称为“龟兹型”。其中的克孜尔千佛洞（图 1–1）是“龟兹型”石窟的代表作。

克孜尔石窟是天山南麓规模最大的佛教石窟群，位于雀尔达格山，即北魏郦道元《水经注》中记载的赤沙山，此山沙石呈赤色，在阳光的照耀下一片红亮，维吾尔语中“克孜尔”就是“红色”的意思，石窟因此而得名。从今天新疆拜城县城向东大约 60 公里就到了克孜尔镇，镇东南 7 公里处、东距库车约 21 公里处便是克孜尔石窟。洞窟主要凿建于木扎提河河谷北岸的悬崖上，现有编号洞窟 236 个，其中窟形和壁画保存较完整的有 81 个。最早的洞窟大约在公元 3 世纪末或 4 世纪初开凿，最晚的到了 7 世纪末至 8 世纪初。236 个洞窟大致分布在四个区域内：谷西区分布着第 1 窟到第 80 窟及 1973 年新发现的新 1 窟，共计 81 个石窟；谷内区分布着第 81 窟到第 135 窟，共计 55 个石窟；谷东区分布着第 136 窟到第 200 窟，共计 65 个石窟；后山区分布着第 201 窟到第 235 窟，共计 35 个石窟。

克孜尔石窟的窟形较多，最常见的是中心塔柱窟，此外尚有大像窟、僧房窟等形制。中心塔柱窟（图 1–2）主要用于供养佛像做礼拜，一般平面呈方形，通常分前后两室。前室大多宽大明亮，正壁凿龛内塑坐佛一铺，龛左右开两道通向后室。前室左右两壁常见以格为界而画的说法图，有的上下分层、左右分格，每

图 1-1　克孜尔千佛洞外景

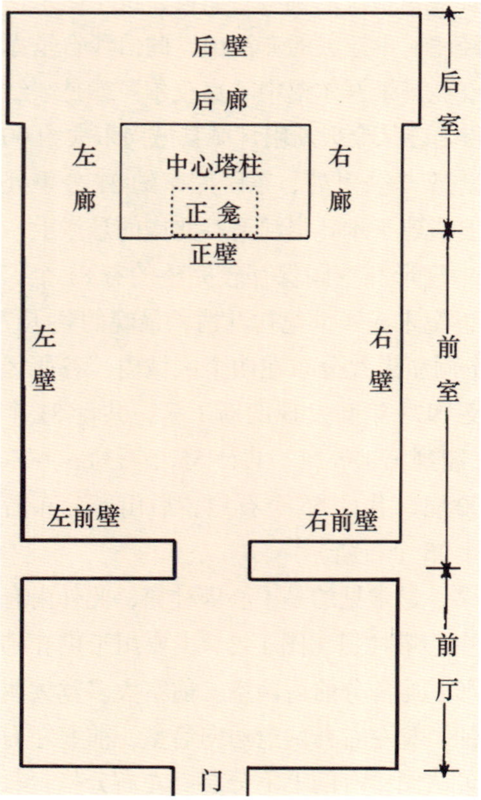

图 1-2　中心塔柱窟是克孜尔石窟最常见的形制

格都有一幅说法图，有些则通壁绘多幅说法图。窟门入口上方也绘有说法图，或为弥勒说法，或为释迦说法。券顶则画出许多菱形格，每格均有一幅本生故事图。后室一般较狭小，且光线灰暗，正壁或凿台塑涅槃佛像，或画涅槃佛，对面窟壁上则绘有焚棺图、举哀弟子、分舍利图，顶部绘伎乐天（图 1–3）和飞天等形象。第 13 窟和 38 窟是代表性的洞窟。这种中心塔柱窟是龟兹一带石窟首创的，其形制源自印度佛教支提窟，但与之又有很大的差别。当克孜尔石窟开凿之时，恰逢印度犍陀罗艺术上升时期，佛像崇拜遍及中亚、西域的广大地区。由于克孜尔石窟所处的天山南麓地质松软，不利于雕造佛像与石窟建筑，因而开凿时在窟室前后、左右甬道正中设计直通窟顶的中心塔柱，变印度的窣堵坡为中心柱，既可支撑洞顶，又可在石柱正面雕龛造像，便于瞻观。

相比而言，克孜尔石窟的大像窟数量就要少得多了。这一类

图 1–3　克孜尔石窟第 8 窟伎乐天

洞窟一般无前室，仅有主室、后室和中心柱三部分，严格来讲属于中心塔柱窟的一种，与中心塔柱窟的区别在于主室明显增高，中心柱正壁突出地安排了大立佛，扩大了后室空间。第 47 窟是这类洞窟的典型，主室窄于后室，券顶。左壁与右壁前均砌列像台，台上各塑佛像七身。后室券顶，左、右通道口无装饰，后壁有涅槃台，原塑大涅槃像。中心柱平面为方形，左、右、后三壁开龛，后壁龛内原塑坐佛像，其上塑涅槃像。前壁依壁原塑高达 10 米左右的大立佛像，现壁前仅存半圆形大像台。年代较晚的大像窟取消了中心柱，从残存的遗迹看，大立佛中部以上依崖塑造，下部两侧向里凿成横长方形低窄的后室，这样朝拜者就可以直接右绕大佛做礼拜了。这种形制与阿富汗著名的巴米扬大佛十分相似。

大量的故事性壁画（图 1–4）是克孜尔石窟的另一大特色。龟兹国特殊的地理位置，使得当地的艺术不仅受到来自西方的古希腊、波斯文化的影响，还受到来自南方的古印度及东方的中原汉文化的影响。加之龟兹人特有的艺术天分，不仅善于吸收，更富有创新精神，龟兹佛教艺术异彩纷呈。从绘画风格上看，此处的壁画技法多采用凹凸画法，线条刚劲有力，尤其注重烘染，人物立体感强，形象逼真，生动活泼，具有明显的犍陀罗艺术风格。

从题材上看，佛教故事壁画内容十分丰富，有“故事的海洋”

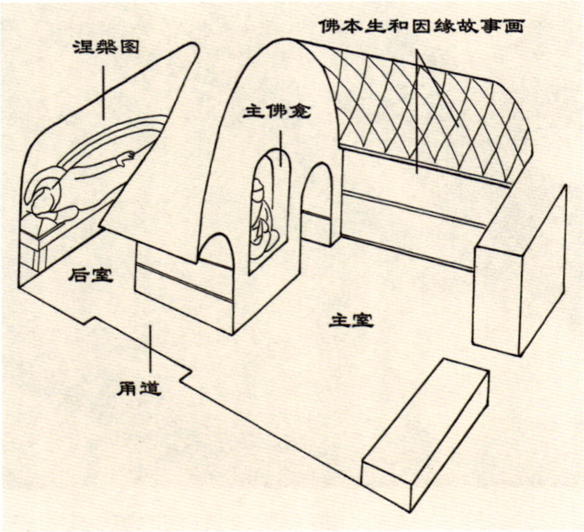

图 1–4　克孜尔石窟壁画配置示意图

之称，尤其以菱格画的形式讲述佛本生和因缘故事为国内其他石窟所罕见，表现出鲜明的地域特色。佛教故事以佛本生故事和佛传故事为主。克孜尔的佛本生故事数量众多，达六七十种，仅第 17 窟窟顶的本生故事画就有 38 种之多，举世罕见。第 17 窟是克孜尔石窟中年代较早、保存较为完好的洞窟之一。本窟由前室、主室和甬道组成。前室穹隆顶，绘制大量的本生故事画，数量多达 38 种，这些故事画以中央为界线，分别布置在左右两旁。右侧有 16 块菱形故事画（图 1–5），计有月光王本生故事、昙摩绀太子本生故事、端正王本生故事、檀腻羁婆罗门本生故事、尸毗王本生故事、虔阇尼婆梨王本生故事、尸利苾提比丘本生故事、虚空静王本生故事、慕魄太子本生故事、大施抒海本生故事、修楼婆本生故事等。左边则有端正王本生故事、狮子王本生故事、

图 1–5　克孜尔石窟第 17 窟菱格本生故事画（局部）

檀腻羁婆罗门本生故事、猕猴王以身作渡桥本生故事、月光王本生故事、大光明王本生故事（图 1–6）、设头罗犍宁王本生故事、虔阇尼婆梨王本生故事、相思鸟本生故事等。其他处尚有尸毗王本生故事、萨埵那太子本生故事等 30 多种。这些故事画多拥有概括简练的构图组织和粗放纯炼的笔触；作者强调肌肉隆起部分的烘染，笔致旋转有力，勾勒的笔触也十分遒劲。

图 1–6　克孜尔石窟第 14 窟大光明王本生（特写）

佛传故事则主要通过阿阇世王亲历佛之事迹（图 1–7），间接叙述佛的生平，以其受佛之教诲、浪子回头、皈依佛门、终成佛之弟子的现身说法的形式展开。在克孜尔石窟中，至少有 7 个洞窟绘制有同样内容的壁画。第 110 窟的佛传内容较为集中，在三面壁上以 57 幅图画把释迦由降生到涅槃的过程连续呈现，其顺序按佛徒右旋的仪轨，从右壁始，次之正壁，最后左壁，内容依次为：龙王灌顶、宫中娱乐、掷象射鼓、树下观耕、耶输陀罗入梦、夜半逾城（图 1–8）、白马吻足、布施佛座、初转法轮、降伏火龙、牧女献乳、双林涅槃等。

图 1–7　克孜尔石窟第 205 窟阿阇世王闷绝复苏复原图

图 1–8　克孜尔石窟第 110 窟夜半逾城

克孜尔石窟因自然、人为等因素多有损坏。从自然条件看，石窟所在的主崖壁系河沙沉积而成，结构松散，风雨侵蚀之下极易崩塌。加之年代久远，崖壁不断崩塌，当初开凿的洞窟及窟前设施也随之损毁，有的洞窟已经完全塌毁。石窟内的塑像泥胎含沙量大，胎中又缺乏具有黏合作用的植物纤维，加之自然环境、气候和人为破坏等因素，塑像损坏严重，一般很难保存下来。早期洞窟中有一部分大像窟的主室正壁塑有高数米至十余米的立佛像，左右侧壁也有数列塑像，均已毁损。人为损坏则手段多样，破坏性更强。19世纪末到20世纪初，克孜尔石窟曾先后遭到日本、德国等外国人的盗窃破坏，石窟内的多数壁画保存状况不是很好，另外有许多精美的壁画、塑像和龟兹文书等被劫往国外。其中以德国人冯·勒柯克的破坏最为严重。此人精通数种语言，具有极好的艺术修养，当他发现龟兹石窟的精美壁画时，立刻用剥离的办法将大量壁画揭取。而克孜尔石窟是勒柯克用力最勤的一处，经他之手，克孜尔石窟面目全非，狼藉不堪（图1–9）。

图1–9 克孜尔石窟第199窟龟兹国王与大臣像

20世纪50年代，文物部门曾经对石窟进行过大规模的修缮，在52个洞窟内安装了保护门、窗户；大修了部分洞窟的墙壁，补修窟顶，砌补主室前墙和正龛，用木柱支撑主室券顶。1953年设立了库车拜城千佛洞文物保管所，令石窟的保护工作常态化、科学化。1961年被国务院公布为第一批全国重点文物保护单位后，石窟的保护工作有了新的变化。在原保管所的基础上，于1985年扩展成为龟兹研究所。研究所不仅加强了对石窟寺的调查、清理、研究工作，而且在石窟保护与周边环境美化、交通优化方面下大力气，使得石窟与各方的联系更加便捷，古老的石窟寺正呈现出新的面貌。尽管如此，克孜尔石窟的位置相对偏远，来往并不是十分方便，相对于其他的一些文化遗产地，前来参观的国内观众并不是很多，反而来自日、韩等国的游客对此兴趣浓厚，人数较多。这些现象应当引起我们的思考：如何扩大文化遗产在公众中的影响，进而提高全民族热爱文化艺术、保护文化遗产的积极性与主动性？

柏孜克里克石窟

《西游记》中，孙悟空护送唐僧西天取经，路过火焰山，任他七十二变也难以逾越，不得已向铁扇公主借来芭蕉扇，灭火而过。故事虽非真实，这火焰山却非虚构，而是确有其地，正位于现新疆吐鲁番的东部。巧合的是，这干燥的火焰山下有一片富饶的绿洲，自古就有人居住。据说，汉武帝时，讨伐西域的一支军队因见此地风景秀丽、物产丰富而定居下来，因此处地势高敞、人庶昌盛，取名高昌。从此，高昌成为连接内地与西域的重镇。公元460年，高昌国建立；公元640年，唐王朝吞并了高昌国，并设置西州；公元840年，回鹘人又在吐鲁番重建高昌国。

柏孜克里克石窟（图1–10）正好修建在火焰山中，位于吐鲁番东北约40公里处，南距高昌故城10公里。石窟分上下二层，依木头沟西岸的崖壁凿建，南北大约长500米。现有编号共83窟，其中第72—83窟，是清理崖前历代堆积物时发现的。窟内泥塑佛像已毁，残存的壁画内容比较丰富，面积约1200平方米，有

图 1-10 柏孜克里克石窟外景

佛涅槃画、各种经变画，还有分别着回鹘族、蒙古族装束的供养人画像（图 1-11）以及大面积的千佛画、图案装饰画等。不少壁画有汉文或回鹘文题记，也有汉文、回鹘文对照题记。石窟大约开凿于公元 5、6 世纪吐鲁番地区的高昌王国时期，13 世纪末伊斯兰教进入吐鲁番盆地，石窟在宗教冲突中遭到破坏并停止开凿，逐渐废弃，成为人们遗弃的“美丽的有装饰的地方”（维吾尔语意译）。自高昌王国始，石窟的修建历经唐、五代、宋、元，长达 700 多年。据《西州图经》记载，唐代时称北石窟寺为宁戎寺或宁戎窟寺。9 世纪以后高昌回鹘时期，为回鹘王的家族寺院，此时建造的洞窟现保存最多，窟形也较大。19 世纪末 20 世纪初，德、英、俄、日等国探险家到此进行盗窃，石窟的完整性再次遭到严重的破坏，不少壁画流落国外，为世人留下了许多遗憾。

柏孜克里克石窟窟形较多样：有长方形纵券顶，正中凿中心柱，左右开甬道和隧道的窟；有方形纵券顶，方形穹庐顶有甬道和隧道的窟；有长方形纵券顶，后壁或左右壁塑像的大窟；有长方形纵券顶，中心设坛的窟；还有前室为长方形纵券顶，后室为

图 1-11　柏孜克里克石窟第 32 窟沙利家族人像

横券顶的窟以及方形平顶小窟等，这些形制各异的洞窟反映了凿窟时间的不同。就其作用而言，有供做礼拜及瞻仰的支提窟，有供坐禅修行的毗诃罗窟，还有存放舍利盒的所谓影窟等纪念窟。支提窟的形式多种多样：既有长方形纵券顶、正中作方形柱、左右开甬道以通后室的西域式窟，也有长方形或方形券顶、后壁塑像不开左右甬道、没有后室的石窟；既有方形穹隆顶窟，也有长方形纵券顶、窟后或边壁修有秘室的窟。石窟的建筑方法大致分为两种：一种如新疆其他石窟一样，凿崖成洞；另一种是就崖用土坯砌起土窟。这后一种形式在古龟兹地区石窟寺中没有见到过。特别像第 14 窟（图 1–12），方形圆顶，洞顶不靠崖上，全用土坯券成，十分罕见。

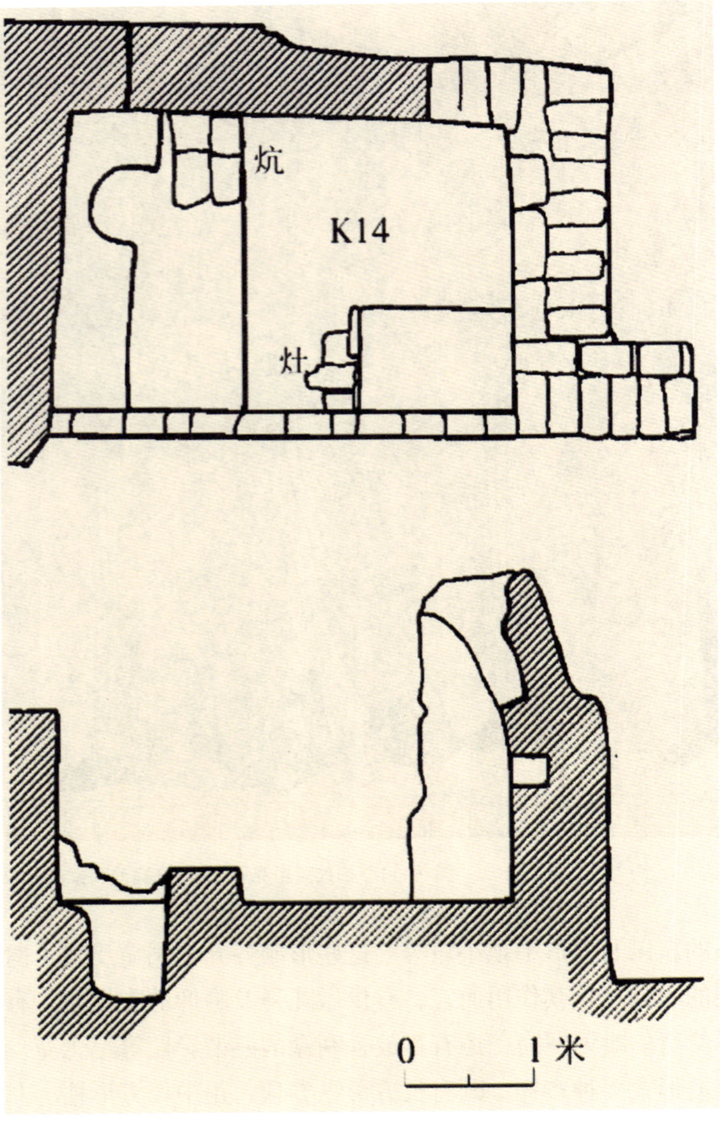

图 1–12　柏孜克里克石窟第 14 窟平剖面图

柏孜克里克石窟被称为“美丽的装饰之所”，名符其实。石窟内壁画内容十分丰富，艺术水平也很高，曾令国外的探险家惊叹。德国人勒柯克、格伦威德尔当年打着保护的旗号从这里揭取了大量精美壁画。英国人斯坦因在其《西域考古记》中这样描述柏孜克里克：“就丰富和美术方面而言，吐鲁番盆地中任何同样的遗址都比不上，而同敦煌千佛洞丰富的古画可以相抗衡。”当然，赞美之余，斯坦因也在助手的协助下揭取了一百多箱，运到印度。从残存的壁画看，有初转法轮、涅槃变等佛传故事、西方净土变和法华经变等，这些壁画场面宏大，人物生动。除了佛像外，周围绘有护法、金刚、菩萨、比丘、国王（图 1–13）、童子等，其背景则为城池、宫殿、寺院、塔庙等。在许多洞窟中还绘有供养人礼佛行列，人物包括回鹘国王、王后、王室贵族及其侍从以及高僧（图 1–14）。个别洞窟正壁还保留了回鹘皈依佛教之前所绘的摩尼教壁画。因此，柏孜克里克石窟是研究回鹘高昌时期佛教和摩尼教最重要的石窟寺。

图 1–13 柏孜克里克石窟第 45 窟回鹘王像

图 1–14 柏孜克里克石窟第 32 窟印度高僧像

从历时性的角度看，柏孜克里克石窟的窟形及壁画题材、内容等在早晚不同的时间段多有变化。

第 17 窟是早期石窟的代表，为穹顶长方形窟，窟顶画有“西方净土变”与可能是“地狱变”的图像（图 1–15）。这在新疆石窟艺术中是颇为特殊的。“地狱变”是唐代佛教寺院壁画的主要题材之一，唐朝两京长安和洛阳的著名寺院如慈恩寺、福先寺的院壁上都有当时大画家画的“地狱变”，但是在石窟寺中，尚未发现类似的壁画。如果这里果真为“地狱变”，那么这将是新疆石窟甚至是全国石窟寺中唯一的一处。窟顶“西方净土变”和“地狱变”左右，还有供养菩萨和天王像。南北壁除各有三座佛说法图和供养菩萨外，南壁中央还有一手执梨花式武器的天王像。窟室正面为突出背光及灵鹫山浮雕，顶上说法图有汉文题记：兹北方相德佛像，无非功德说此是纪耳。

中期以第 31 窟为代表。窟顶呈巨型长方形纵券顶，窟身甚为高大，宽 2．66 米，长 13.95 米。窟顶为千佛，后壁原有塑像，

图 1–15　柏孜克里克石窟第 17 窟窟顶经变图

现已无存。南北壁各有大立佛八铺，高 2.98 米，进深 1.84 米，雄伟庄严，各配合菩萨、天神（图 1–16）。像下又画有各种供养人。佛、菩萨及人物像组织紧凑，线描生动有力，颜色鲜艳如新，新疆石窟现存壁画中富丽精致到如此程度的，他处还未看见，亦为柏孜克里克劫后现存洞窟中优秀壁画的代表。中央正壁画的涅

图 1–16 柏孜克里克石窟第 31 窟主室左壁立佛

槊像早已被德国人勒柯克等剥去。壁的左右尚有二小龛，似曾为埋藏盛放舍利之所。

第 40 窟代表了柏孜克里克晚期石窟的形制。为穹顶长方形窟，窟顶画千佛，入口左右壁是供养人的形象，身着回鹘服装，女性供养人梳桃形髻或花冠，男性供养人为高髻式冠。画面共分五层。其中第一层最大，可能为窟主；其他各层依次下降，逐渐缩小，似为窟主家属。此种供养人的排列方法，他处尚未见到。南壁似有一楞伽经变，即根据《楞伽经》绘制的佛说法相，亦极具特色。北壁绘有化身佛。窟内画法丰富多彩，结构紧凑，其形式与敦煌莫高窟中唐以后壁画风格一致。

柏孜克里克石窟是吐鲁番地区现存洞窟最多、壁画最丰富的一处石窟寺。高昌地区特殊的地理位置，造就了柏孜克里克石窟独特的地方性、民族性、多元性特征，通过石窟内容，我们可以真实地感受到回鹘佛教产生、形成、发展的过程，也可触摸到高昌人的日常器用、装束打扮、娱乐休闲。然而，石窟的遭遇是不幸的，历史上曾多次惨遭不测，国外探险家的揭取、当地居民的破坏，令这“美丽的装饰之所”一再受伤，面目全非。中华人民共和国成立后，吐鲁番文物局的成立，特别是 1982 年国务院将其公布为全国重点文物保护单位后，石窟的保护工作才步入正轨。

二、甘　肃

敦煌莫高窟

莫高窟，又名千佛洞，位于敦煌市东南 25 公里处的鸣沙山东麓的断崖上，山下是宕泉河水，缓缓地自南向北流去，河两岸绿树成荫，与山崖上鳞次栉比的窟龛相映成趣。依窟而起的九层楼（图 1–17）檐上的阵阵风铃声，引领我们走进佛教艺术的殿堂。

莫高窟的创建充满了神秘色彩，据莫高窟唐代碑文（698）记载：前秦建元二年（366），沙门乐僔“行至此山，忽见金光，状有千佛，遂架空凿□，造窟一龛”。后来一位名叫法良的禅师从东部地区来到莫高窟，在乐僔开凿的洞窟旁又营造了洞窟。北魏东阳王元荣和北周建平公于义在任瓜州刺史时，又各修建了一座大窟。此后隋、唐、五代、宋、西夏、元等朝代不断开凿，在一座 1600 米长的崖壁上形成了重重叠叠、栉比相连、规模宏伟的石窟群。如今的莫高窟可分为南北两区：北区主要是僧人和工匠居住之地，保存塑像和壁画的洞窟很少，在 248 个洞窟中仅有 5 个编号洞窟；南区有编号的洞窟 487 个，保存着大量的塑像和壁画，是莫高窟的精华所在。虽然在 1000 多年漫长的岁月里，石窟受到大自然的侵蚀和人为的损毁，但依然保存了各个时期的壁画 4.5 万多平方米，彩塑 2400 余尊，唐宋木构建筑 5 座，在世界艺术史上堪称奇迹。

莫高窟的形制，最典型的窟形主要有两种：一种是中心塔柱窟（图 1–18），一种是方形平面、后壁开一龛的盝顶窟（也叫覆顶窟）（图 1–19），另有少数禅窟、佛龛窟、大像窟、佛坛窟。洞窟之外，原有殿宇、窟檐、走廊等木构建筑相连。洞窟最大者高 40 余米，30 余平方米，最小者高不盈尺。其中早期多方形平面窟；隋唐时期中心塔柱窟减少，流行三壁一龛窟，新出现了三

图 1–17 九层楼

壁三龛窟；晚唐及五代时期则多为佛龛窟。

传统的印度石窟造像以石雕为主，但莫高窟一带的岩石质地松散，不宜雕刻，工匠们因地制宜，放弃传统的石雕做法，转而以泥塑、壁画造像为主。彩塑主要表现的是佛教人物佛、菩萨、弟子、天王、力士等，与洞窟壁面上的故事画、说法图、经变图一起，营造出幽静、庄严的宗教氛围。

在莫高窟的彩塑中，最初的造像大多是单身，北朝时期的主尊一般为释迦佛和弥勒佛或弥勒菩萨（图 1–20）。此后，单身造像逐渐减少，而以多尊造像组合最为常见——主尊两侧大多有二胁侍菩萨像，此外还有释迦多宝对坐像、释迦苦修像、菩萨像和禅僧像。从造型外貌特征上看，北朝塑像身体较健壮，佛像面相浑圆，身着袒右式袈裟，或通肩袈裟。菩萨头戴宝冠，脸庞浑圆，颈下戴项圈，双肩披挂璎珞，披巾从头后沿双臂外侧下垂，绕双肘后，垂至身体两侧。菩萨下身均着羊肠大裙，下肢有明显的动态感。西魏时期新出现中原地区流行的“秀骨清像”人物形象，最早出现这种样式的是第 249 窟，佛像面相清瘦，身着褒衣博带式袈裟。菩萨双肩敷搭宽博披巾，于腹部交叉，与中原地区的造

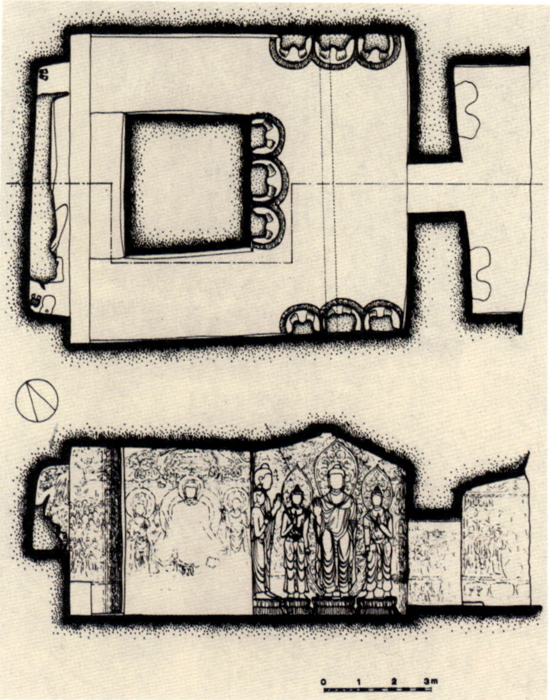

图 1–18　莫高窟第 332 窟实测图

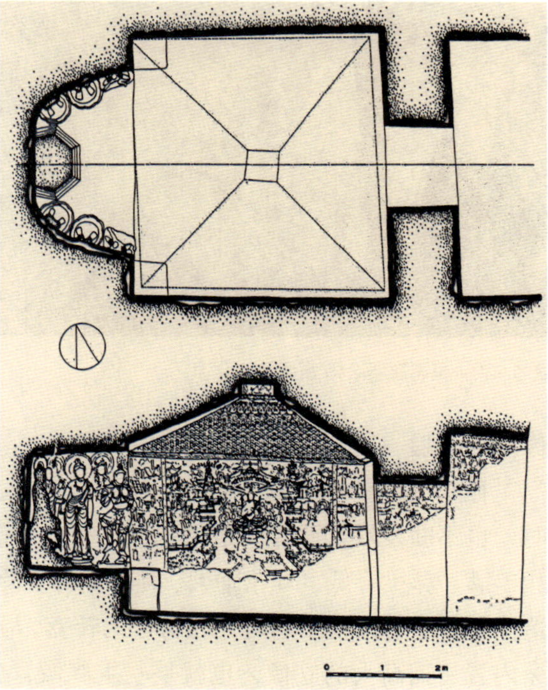

图 1–19　莫高窟第 45 窟实测图

图 1–20　莫高窟第 275 窟西壁　北凉

像风格渐趋一致。

隋唐时期的彩塑延续了前代彩塑的风格，不过，在延续的同时，也不断发展和改善，造型也有了很大的改变，具体表现为面相丰满、鼻梁降低、耳轮垂大、体形匀称。除了造型方面的变化，造像题材上也出现了与时代相符合的转变。最常见的造像组合是：窟内置三铺高大的立像，也就是一主尊像、二胁侍菩萨，构成九尊大像，开创了窟内塑巨像之先河。隋代彩塑主要延续北周塑像的特点，但头与身体的比例趋于和谐。佛像一般身着双领下垂式袈裟，新出现在左肩处有带束起的钩钮式袈裟。菩萨像则流行上身着背带式僧祇支。无论是佛教最高本尊还是护法天王、力士，他们的外貌、衣饰无不施以彩绘，既精美又华丽（图 1–21）。

图 1–21 莫高窟第 57 窟内景 初唐

唐代的彩塑是莫高窟中艺术水平最高的雕塑作品，无论是规模、数量还是题材方面均独占鳌头。唐代彩塑作品大多是一佛二弟子二菩萨二天王或二力士的组合（图 1–22），完全摆脱了最初的一铺三身或五身的造像原则。造像在最初的佛、胁侍菩萨及弟子的基础上，又增添了护法天王、力士及许多供养菩萨。盛唐时期彩塑达到艺术巅峰，塑造水平高，表现手法细腻。此时佛像面相浑圆丰满，宽肩细腰，胸部及肢体丰满健美而不显臃肿。服饰流行袒右式袈裟，其右肩披覆偏衫衣角，其次为双领下垂式袈裟、通肩袈裟。最具艺术魅力的还是那些姿态优雅的菩萨像（图 1–23），她们头束高发髻，颈戴华丽的项圈，肌体柔润而丰满。菩萨的身姿扭成“S”形，上身斜缠着天衣，头两侧冠带从双肩搭下。下身着长裙，裙子紧贴臀部和双腿，衣纹雕成“U”形，极具人性化，善良、美丽、高雅的气质表现得活灵活现，其形象不是天神，反似民间美丽、纯洁的少女。唐代的彩塑像一般摆在凹龛后壁的中央。虽然洞窟中是以佛像为主要装饰对象，但在排列上并未把造像安排在十分醒目的位置，这不得不说是一个独特的创新。此外，在造像的外貌特征上，工匠们煞费苦心，除了在塑像面部着底色，还以浓黑点睛，朱红涂唇，将人物性格刻画得十分生动，更具生命力。这一时期代表性的彩塑洞窟有第 96 窟、第 130 窟等。两窟内均塑有高大的弥勒坐像，第 96 窟主像高 30 多米，造于武则天证圣元年（695），是我国现存最高的泥塑佛像；第 130 窟主像高达 20 多米，造于唐开元年间（713—741）。

莫高窟五代、宋初期的彩塑，延续了唐代彩塑的风格，以丰盈华丽为典型，可惜的是，保存至今的并不多。该时期唯一保存较完整的彩塑是第 55 窟中的一铺塑像，多达十多尊，其中包括佛、菩萨、力士、天王等。形体规模较大，虽然尺度超过了唐时期的彩塑，但造像的优美、生动远远不及唐代彩塑。西夏及元代的彩塑，虽然有一部分保存下来，但总体水平不是十分理想。

莫高窟除了塑像外，壁画艺术同样丰富多彩。壁画中许多题材都是本生故事。早期壁画题材除了以大多数的本生故事为主外，还有少部分的经变画。北朝洞窟里的壁画满布四壁及顶部，窟顶一般绘制飞天，四壁壁画上下分栏，上栏为天宫伎乐、凹凸凭台；

图 1-22 莫高窟第 159 窟西壁龛内南侧菩萨、弟子 中唐

图 1-23　莫高窟第 45 窟菩萨　盛唐

下栏为忍冬纹装饰带、药叉或供养人。中栏除绘千佛及一铺说法图外，有的后壁绘富有敦煌特色的白衣佛。佛传故事主要有乘象入胎、夜半逾城、降魔成道、初转法轮等。本生故事有萨埵那太子舍身饲虎、月光王施头、须大拏太子施舍、尸毗王割肉贸鸽、乾夷王施头、独角仙人、善事太子入海求宝、须阇提太子搬兵复国、九色鹿舍己救人（图 1–24）等。因缘故事有沙弥守戒自杀缘品、施身闻偈、五百强盗成佛、微妙比丘尼现身说法缘品等。这些佛经故事一般来源于民间传说或神话、寓言故事，佛教借用来附会上佛陀的神力，用来教化弟子及信徒。因此有些故事虽然神秘荒诞，却是现实生活的真实反映。第 296 窟窟顶绘制的微妙比丘尼出家缘就是这样的故事。《贤愚经》载：微妙出身于一个富足的家庭，年轻貌美。不料在回娘家的路上，丈夫和儿子死于非命，娘家失火，全家死亡。微妙改嫁酒鬼，屡遭毒打，刚生下的婴儿也被酒鬼丈夫扔进油锅煎炸并强迫她吃下。后来，微妙出逃，

图 1–24　莫高窟第 257 窟鹿王本生故事

流浪途中遇到一位丧妻的年轻人，两人相爱结婚。新婚不久的丈夫得病去世。按当地风俗，微妙被活埋陪葬，结果被盗墓贼救出，并做了盗贼头领的妻子。没几天，盗贼被擒，砍头处死。微妙再次被活埋陪葬，入夜，有狼刨墓吃尸，微妙又一次得救。在屡遭劫难后，微妙感叹世道不公，于是削发为尼，遁入空门。故事虽然荒谬，却反映了古印度社会中妇女地位低下、备受压迫和歧视的真实情况。同时又说服信众善恶皆有因果，劝善戒恶。

隋代的壁画也是以本生故事为主。不同的是，这些壁画的位置并不引人注目，只有抬头看窟顶时才能看到，这与早期壁画居于窟壁的中心位置有很大的差别。这一时期的说法图壁画不是很多，以单身菩萨像居多，与中原地区的造型风格相类似，外貌特征更接近现实。与北朝相比，隋代壁画题材中因缘类故事消失，本生类故事数量及种类减少，新出现经变类壁画。佛传多乘象入胎、夜半逾城等。经变类主要有涅槃变、维摩变、法华变、弥勒变、药师经变、阿弥陀净土变和福田经变。本生类有萨埵那太子舍身饲虎、须大拏太子本生、独角仙人、善事太子、尸毗王本生、毗楞竭梨王、快目王施眼、婆梨王本生、乾夷王施头等。

在莫高窟所有的壁画种类中，经变画就多达二十多种，共计一千多幅，其中唐代的经变画（图 1–25）最为典型，这与唐朝国力强盛、佛经翻译兴盛、俗讲活动发达有关。唐代的经变画表现格局由最初的一壁一铺变成了一壁多铺，即在一个洞窟内常常可以画几种经变。这种形式的最典型代表有第 159、231、85 窟等。第 159 窟是中唐时期的经变画，经变种类有九种之多，到第 231 窟的时候已增加到十多种；唐代晚期更为丰富，以第 85 窟为例，经变多达十五种。唐代的经变画主要有阿弥陀经变、法华经变、观无量寿经变、弥勒经变、维摩诘经变、东方药师经变、涅槃经变。初唐后新出现天请问经变、金刚经变、报恩经变、金光明经变、华严经变、楞伽经变、思益梵天经变等。盛唐以后大多数经变画中都有盛大的乐舞场面。整体上看，唐代时期的经变画不仅规模、构图宏伟，而且内容丰富。唐代壁画除了经变图，还有部分说法图、瑞像图、佛教史迹图及屏风画。值得关注的是，供养人形体高大，占据甬道和窟内较显著的位置。第 156 窟晚唐归义军节度使张议

图 1–25　莫高窟第 217 窟观无量寿经变　初唐

潮出行图（图 1–26）和宋国夫人出行图，为横卷式，有仪仗、音乐、舞蹈、随从护卫等人物，场面宏大，构图精细，开创了在敦煌莫高窟内为个人歌功颂德而绘制壁画的先例。总之，唐代壁画不仅主题突出，内容丰富，而且在具体描绘的同时，很巧妙地将佛国世界与现实世界融为一体，表现得极为真实、生动，佛的形象更人性化，给人以亲切之感。

莫高窟壁画发展到五代宋初时期，仍以经变画为主。虽然画面十分宏伟，但缺乏神采与气势，而且经变的题材也没有发展。这一时期除经变画外，屏风故事画和佛教史迹画非常流行，佛教史迹画中的五台山图尤为引人注目。第 61 窟通贯后壁的五台山图是莫高窟最大的一幅壁画，画面上画了从河北道镇州经五台山至太原数百里的山川形势、城池、寺院、桥梁、亭阁和人物活动场面。西夏时期的壁画主要沿袭了前朝的风格，但画面呆板，表现手法程式化、简单化，少有创新之作。经变种类少，而且供养人画像逐渐减少，体型也缩小了。元代的壁画主要绘密教图像，如曼荼罗、各种明王忿怒像及欢喜金刚像。像第 61 窟的巨型炽盛光佛和黄道十二宫的天象图是敦煌仅见的题材。

敦煌石窟以其建筑、彩塑、壁画闻名于世，1987 年被列为世界文化遗产。而敦煌的声誉远不止于此，1900 年藏经洞的发现，特别是 19 世纪末 20 世纪初，外国探险家的一系列发掘、盗取活动，

图 1–26　莫高窟第 156 窟张议潮出行图　晚唐

更是让世人知道了这个曾经的繁荣之地。如今，对敦煌的研究已经不止于石窟造像，对于文书、语言、风俗等各方面的综合研究已经成为世界上的一门显学——敦煌学。然而坊间却流传着这样的说法：敦煌在中国，但敦煌学研究的中心在日本。此话固然有些夸大，却反映了部分事实。我们守着敦煌这座文化宝库，绝不应该让研究中心转移他处。

麦积山石窟

甘肃省天水市东南 45 公里处是秦岭山脉的西端。层峦叠嶂的秦岭诸峰中一座奇峰拔地而起，顶部略呈圆锥形，很像是收割后堆积的麦垛，当地人形象地称之为麦积崖（山）。五代人撰写的《玉堂闲话》中记载了山名的来历："麦积山者，北跨清渭，南渐两当，五百里岗峦，麦积处其半，崛起一石块，高百万寻，望之团团，如民间积麦之状，故有此名。"

麦积山地势险峻，身临其境，既惊心动魄又视野开阔，古人曾以诗达情——"蹑尽悬空万仞梯，等闲身共白云齐。檐前下视群山小，堂上平分落日低"。正是在这险峰的山崖上，历代工匠不辞辛苦，又雕又塑，营建了一处蔚为壮观的佛教圣境。在麦积山山峰东崖和西崖陡峭的崖壁上，分布着密密麻麻的洞窟，各窟间以凌空架设的栈道相连，远远望去，气势撼人。崖间现存窟龛编号 194 个。因山体石质疏松，石窟造像大多为泥塑，共 3519 身；石雕造像仅 19 身，若包括碑刻千佛在内，共计 3600 余身，如此一来，造像合计约为 7200 身，是现存麦积山石窟艺术的主体。虽然壁画面积达 1000 余平方米，但大多残损，模糊不清。

麦积山石窟（图 1–27）内保留了较多的题记，从中我们大致可以看出石窟的雕凿历史。麦积山山前瑞应寺中有嘉定十五年（1222）《四川制置使司给田公据碑》，碑文显示石窟开凿于东晋年间。位于第 3 窟至第 4 窟梯道旁崖壁上的绍兴二年（1132）题记中载："麦积山阁胜迹，始建于姚秦，成于元魏，约七百余年……二十七年丁丑……阁桂才刻石以记之。"姚兴时，江南仍为东晋，可知麦积山石窟的开凿始于东晋应当是可信的。另外从

图 1–27　麦积山石窟

一些石窟的造像风格上看，通过对比炳灵寺年代确定的石窟，发现其造像特点高度一致，体现了较为准确的时代风格，成为确定石窟始建年代的重要参考。第 74 窟（图 1–28）和 78 窟是差不多同时开凿的形制相同的双窟，具有早期石窟的特征。石窟为平顶方形窟，窟前崖面已毁，推测原来应有木构栈道。窟内正壁左右

图 1–28　麦积山石窟第 74 窟正壁

上侧各开小龛，内塑思惟菩萨、交脚菩萨及胁侍。正壁与东、西壁建有高台基，上塑三佛二菩萨。佛结跏趺坐，高肉髻，面形丰颐，高鼻修眉，与炳灵寺第 169 窟佛像造型风格一致。

北魏时期的麦积山已经发展成为一处繁荣昌盛的佛教艺术胜地。第 115 窟佛座前有墨书："唯大代景明三年九月十五日……为菩萨造石室一区……"景明三年（502）为北魏宣武帝纪年，当时北魏已都洛阳，大规模的皇家造像正在洛阳如火如荼地开展，佛教发展处于上升期。而由第 126 窟内的"督龙骧将军天水太守王宗供养佛时""武□镇将王胜供养佛时"等题铭可知，显赫的地方官吏可能是石窟开凿的主要赞助人。正是在全国大兴佛教的背景下，在地方富豪的赞助及带动下，麦积山佛教造像才兴盛发达起来。从麦积山石窟的保存情况看，大约有 2/3 的洞窟属于这一时期的作品，可以推知北魏时期不仅是洛阳地区造像的疯狂期，也是麦积山石窟开凿的鼎盛期。现存第 70、71（图 1–29）、80、90、100、128、148、144、143、156、115、114、155 等窟都兴建

图 1–29　麦积山石窟第 71 窟正壁、左壁　北魏

于北魏。此时的洞窟形制较前复杂，但是造像题材仍以三世佛为主，或主尊为一佛二菩萨。佛像面形长圆、深目、高鼻、鼓眼、薄唇，形体壮健，造型敦厚，神情庄严，着半披肩袈裟。尤其菩萨造像，身材修长，多秀骨清像。孝文帝推行汉化、改革服制的措施在佛像上表现得非常突出，新出现的褒衣博带式样就是政治变革的反映。通过第 115 窟（图 1–30），我们可以看出北魏石窟的形制及造像特点。第 115 窟位于西崖西端中上层，是一处平面呈近方形的平顶敞口小窟，高 0.92 米，宽 0.95 米，深 0.9 米，窟内正壁塑一佛，左右两壁各塑一菩萨像。佛像系阴刻水波纹高肉髻，面部圆润，趋于清俊，细眉大眼，高鼻薄唇。内着僧祇支，外着半披肩袈裟，衣纹阴刻，细密流畅，半结跏趺坐于方形台座上。双手作说法状，浮雕的莲瓣形背项光上彩绘着火焰纹。菩萨高髻上戴宝冠，长发披肩，宝缯作折叠状，面形清秀，长颈窄肩，上身袒露，下身着裙。窟顶正中绘一圆形物，一条巨龙围绕旋转，四周飞天翱翔。正壁佛右侧绘一比丘，双手捧着经典坐于垫上，似在诵读，其下绘一楼阁式建筑。左上方绘一人坐于庐帐中，周围绘山林，下画两个婆罗门及荷叶、仙鹤等，左壁菩萨内侧绘菩萨装的羽人在林中起舞。正壁佛前即前文所述题记，上有开凿石

图 1–30　麦积山石窟第 115 窟内景

窟的时间、赞助人等信息，成为确定石窟年代的有力证据。

北魏晚期，由于进一步吸收了中原和南朝文化，形成了一种较为自由生动的新风格，并具有鲜明的地方特色，产生了大批优秀的雕塑作品，如第 142、87、121（图 1-31）、122、135、127

图 1-31　麦积山石窟第 121 窟右壁、正壁菩萨、比丘　北魏

等窟。第 127 窟是一个平面横长方形的盝顶窟，正壁和左、右壁各开一龛，均造一佛二菩萨。正壁龛像为石雕，佛背光、项光浮雕伎乐飞天 20 身及坐佛、比丘等。左、右壁龛内为泥塑，佛像经后代重修，菩萨皆魏塑原作，以明显的动态变化塑造了不同的个性。此窟的大型壁画是窟内的主体，主要有萨埵那太子舍身饲虎本生（图 1–32）等故事画和涅槃经变、西方净土变、维摩诘经变及七佛等内容。

图 1–32　麦积山石窟第 127 窟窟顶右坡萨埵那太子本生

西魏时期，麦积山继续开窟造像。现存第 123、102、44、60 等 16 个窟属于西魏风格，造像明显继承了魏晋高逸通脱、清俊潇洒的风格而有所发展，清瘦的人物造型在处理上更趋于自然、合理，多着褒衣博带式袈裟或交领襦袍，脚穿方头或云头履。第 123、102 窟是少见的以维摩诘变文殊菩萨问疾为雕塑题材的洞窟，除主要人物形象刻画细腻外，第 123 窟内的供养童子（图 1–33）和供养天女形象尤具特色；作者用极概括洗练的雕塑语言，集中塑造了少年纯真而略带稚气的神态；塑像的手法与西汉陶俑一脉相承，但在装束上具有鲜卑民族的特点。精致的第 44 窟坐佛，涡纹高肉髻，五官比较集中，以儒雅从容的姿态和隽永含蓄的微笑构成了西魏最完美的佛的形象。

图 1–33　麦积山石窟第 123 窟右壁前部侍者　西魏

北周时期，麦积山属秦州管辖，时任大都督李允信“深悟法门”，为了悼念离世的父母，超度其亡灵，“乃于壁之南崖，梯云凿道，奉为亡父造七佛龛”。地方大员的引领作用，加之佛教在此地的盛行，使麦积山石窟的开凿延续了前期的盛势。目前残存的北周石窟有 30 多个，多为中小型窟，平面多为方形，四面披盝顶。窟内布局严谨，或三壁开龛，或左右各开三龛。主尊多为七佛，胁侍为菩萨、弟子。

此期的石窟造像一变西魏秀骨清像的风格，出现了低平肉髻和饱满浑圆的形体。如第 141 窟佛像（图 1–34）肉髻低平，头微微前倾，着通肩袈裟，衣纹简洁，肩宽胸平，造型敦厚简练，人物形体饱满，表情生动自然；菩萨上身袒露，下着衣裙。四角攒

图 1–34　麦积山石窟第 141 窟正壁佛龛　北周

尖顶帐形窟的出现，标志着民族化的洞窟形制有了进一步的发展。第 12 窟为仅 1 米多见方的四角攒尖顶小窟，正壁一佛二菩萨，两侧壁列置六佛，前壁两侧塑二弟子。第 4 窟俗称散花楼或上七佛阁，前有壮观的窟廊，后部并列 7 个大龛，通宽达 31 米，高 15 米，是麦积山最宏伟的建筑结构。每龛间浮雕勇健威武的天龙八部，虽经后代重修，但未失原作精神。各龛上方绘有大型壁画飞天，裸露部分的肢体均作薄肉雕。这种绘塑结合的做法，强化了画面的立体效果和艺术表现力。

隋唐时期虽然全国统一，佛教兴盛，但是麦积山山崖上新开洞窟并不多，仅第 37、5、25、8 等少数窟属隋代，更多的是重修前代的窟龛。有人推测，或与此时的地震有关。唐以后，宋、明两代在此进行过相当规模的修缮和重建。第 165 窟中重塑而成的菩萨（图 1–35）、供养人像，双眼上挑，薄唇小口，是特色鲜明的宋代作品。第 133 窟中释迦为罗睺罗授记立像，塑造细腻、

图 1–35 麦积山石窟第 165 窟正壁、右壁菩萨、侍者 宋

感情真切；第 43 窟内的二力士，富有力量和气势，都是不可多得的佳作。元代也曾在少数洞窟中留下造像，此外还有少数清代妆銮和图绘的遗迹。

麦积山所处的位置相对偏僻，加之栈道被毁，除了自然原因，较少受到人为破坏。特别是 19 世纪末 20 世纪初，在中国西北各地的文化遗产纷纷为外国探险家所掳掠时，麦积山石窟免于毁坏。对其研究同样开展较晚，直到 20 世纪 40 年代，冯国瑞先生来石窟进行考察，写就《麦积山石窟志》，开启了国人的研究之路。1953 年中央文化部组织专家勘察团进行全面考察，包括文字记录、测绘、摄影和临摹。1955 年麦积山文管所成立后，石窟的保护与管理工作走向科学化、正规化，石窟周围的环境和交通条件也有了很大改善。目前石窟的山体和栈道都进行了加固和重修，方便中外爱好文化艺术的游人参观考察，麦积山石窟已经成为海内外知名的游览胜地。

炳灵寺石窟

古代的丝绸之路上，凡军事重镇、交通转运点，大多也是佛教的落脚点。因此，历史上那条横贯欧亚大陆的交通路线上来往的除了货物、商旅，还有东传的佛教和去“西天”取经的僧人。甘肃省永靖县的小积石山中，黄河汹涌而过。小积石山山岩属白垩纪砂岩，颗粒小，胶结性能好，宜于雕刻。自十六国时期始，僧侣信徒们在这里雕凿了数量众多的洞窟、佛像，绘制了大量的壁画，营造了一方修行的世外净土——炳灵寺（图 1–36）。

图 1–36　炳灵寺大寺沟窟龛群立面像

炳灵寺石窟的开凿从西秦一直延续到唐代。魏晋时炳灵寺称唐述寺，唐代称灵岩寺，宋代始称炳灵寺，系藏语音译“仙巴炳灵”的简化，原意为十万弥勒佛洲，类似于汉语中的“千佛洞”“万佛堂”之类的词。《太平御览》卷五十五引《秦州记》曾这样描述炳灵寺石窟：“河崖傍有二窟，一曰唐述窟，深四十余丈，高四十余丈，中有三佛寺，流泉浴池，凿石作丈六像三百余区。其西二里，则曰时亮窟，高百丈，广二十丈，深三十丈，亦有泉水。”炳灵寺石窟群分布在上寺、下寺、洞沟、佛爷台等处，方圆约7公里。现存窟龛总共196个，大部分集中在下寺。下寺窟龛中现有大小石雕造像694躯，泥塑82躯，残存壁画约912平方米，摩崖石刻4方，全部开凿在大寺沟西侧南北长350米的崖面上。最大的造像高达27米，最小的还不足20厘米。

西秦时期炳灵寺开始雕凿，第1窟及第169窟是这个时期的代表性石窟。第169窟（图1–37）在炳灵寺石窟中规模最大、内容最丰富。它位于大寺沟窟龛群的北端高处，距地面约45米，是一个高15米、宽26.75米、深19米、形状不甚规则的天然洞穴。由于窟内常年雨水渗透，窟顶中部已经坍塌，窟内左、右、后三壁共保存着不同时期的造像71尊，现存佛龛及壁画编有24号。造像制作分石雕、石胎泥塑和泥塑三种，以泥塑为主（图1–38）。

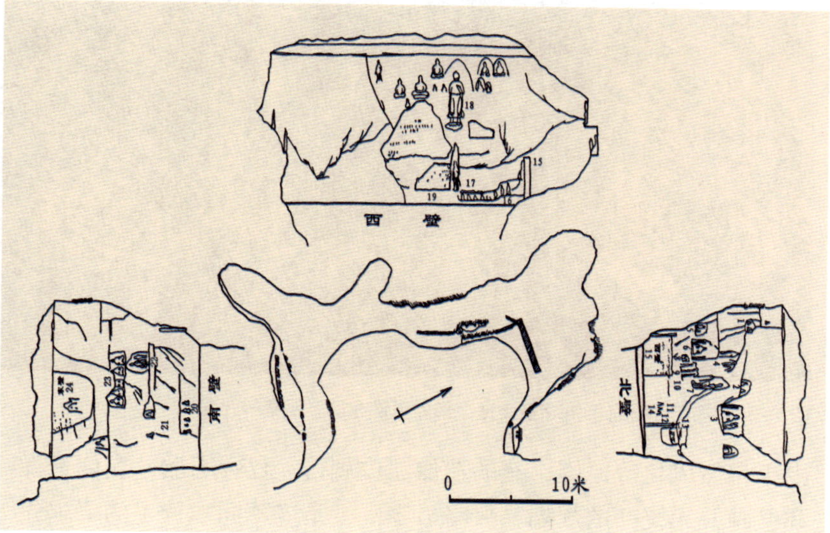

图1–37　炳灵寺石窟第169窟实测图

图 1-38　炳灵寺石窟第 169 窟南壁上部泥塑佛龛群　西秦—北魏

由于自然风化等原因，有的造像泥皮剥落，仅存石胎。窟内造像和壁画并无统一的规划，故略显零乱，是应不同功德主的要求先后营造而成的。

第169窟正壁的中心是第18号壁面，居中一立佛，周围布满十多个小佛龛，每龛内均造一佛。从造像题材看，或坐或立，题材简单，大小不一，分布也不规则。造像的特点是形体高大，体魄雄健，着轻薄透体紧贴身的通肩大衣或半披肩式的袈裟，神情冷峻，风格古朴。第23号龛并排塑造五佛，形象古雅，神情威严，在通肩袈裟衣纹的处理上，阴刻线斜向左肩，这种方法明显受到西域造像规范的影响，具有早期佛像的特点。

窟内北壁的第6号龛比较重要，是一个平面半圆形的三瓣莲式的背屏龛，高1.7米，深0.76米，宽1.5米，龛内塑一佛二菩萨像，由题记可知他们分别是无量寿佛、观世音菩萨和大势至菩萨。无量寿佛（图1–39）形体健硕，面形方圆，神情刚毅。磨光高肉髻，额广而圆、双眉细而弯、两眼大而长、鼻高唇薄、方颐，肩宽体健，僧祇支上彩绘六边形花纹，外着半披肩袈裟，于覆莲台上结跏趺坐。衣纹接近阴刻，流畅自然。大势至菩萨与观世音菩萨立于半圆形覆莲台上，形象接近，均高发髻，面形与佛像基本相同，长发披肩，铃形耳饰，上身裸露，戴项圈、臂钏、手环，下着大裙，披巾自肩上而下穿肘长垂，右手握巾带于胸前，左手垂下亦握巾带。无论是佛还是菩萨，背光、项光都施彩绘。佛的圆形项光外围均绘火焰纹。背光内绘伎乐，左、右各五身，均高髻、袒上身、下着裙，双足裸露，分别持箜篌，击腰鼓，弹阮咸，奏排箫，姿态各异。造像左上侧为十方佛和题记，尾题“建弘元年岁在玄枵三月廿四日造”，可知该龛为420年造。但是，若依星岁纪年玄枵，则相当于建弘五年（424）。无论如何，这是迄今发现的中国石窟最早的纪年题记。据此可判定窟内一批风格相似、敷泥层次相同的龛像和壁画为同时期的作品。题记下方壁画供养人数排，为首者题名“□国大禅师昙摩毗之像”“比丘道融之像”等，是文献记载中当时的著名高僧，推测与当时西秦皇室有关。

第9号龛三身立佛，塑造时间略有早晚，但大体稍早于第6号龛。第7号龛稍晚于第9号龛，主要残存一立佛。正壁下部第17号龛，主像原为一佛二菩萨立像，现仅存右侧菩萨，宝缯束发，形象古朴，亦应早于第6号龛。第17号龛下部菩萨思惟像，低

图 1–39 炳灵寺石窟第 169 窟北壁后部无量寿佛龛 西秦

头含笑，表现出了参悟之时的喜悦心情，是早期造像中的精品。南壁第 23 号龛并列五身禅定坐佛，约与第 6 号龛同时，均着通肩袈裟，阴刻线衣纹均由左肩斜下展开，明显受到了西域造像的影响。略晚的作品如南壁下部的五身坐佛（第 20 号龛），均作禅定印，大小不一，中间一身为释迦苦修像（图 1–40）。

图 1-40　炳灵寺石窟第 169 窟壁画

第 6 号龛内（图 1-41）和龛东侧壁面（第 11、12、13 号龛）以及窟口南侧上方岩壁上（第 24 号龛），保存了至今仅见的西秦壁画，内容有说法图、维摩诘变、无量寿佛、释迦多宝佛、弥勒菩萨及十方佛、千佛、飞天、伎乐、供养人等，壁画造像与塑像特点一致：佛顶多作磨光高髻，颐方，额平，眉弯，眼大，眼角较长，鼻高且直，嘴小唇薄，双耳下垂，颈部扁平、较短且上宽下窄，形体高大挺

图 1-41　炳灵寺石窟第 169 窟第 6 号龛壁画

拔，多着通肩大衣或半披肩袈裟。这种风格的造像，既有犍陀罗和秣菟罗式造像的因素，也有中华民族传统艺术的影子。

北魏时期的窟龛形制多样：有平面近方形，低坛基，略作穹隆顶的大窟（第126窟）；平面近方形，低坛基，覆斗顶的大窟（第144窟）；平面方形，覆斗顶，窟内正、侧三壁各开一圆券形浅龛的大窟（第146窟）；平面长方形，内有中心柱的大窟（第184窟）以及摩崖圆券形龛（第124窟）。许多窟外崖壁上尚可见桩眼，当时应该有木构建筑。其中比较重要的洞窟有第126、128和132窟（图1–42）。三窟左右毗邻，平面布局相同，均为方形，穹隆顶，三壁设坛，坛上雕像，正壁为释迦多宝佛，左壁为交脚弥勒菩萨，

图1–42　炳灵寺石窟第132窟实测图

右壁结跏趺坐佛，构成了三佛组合。正壁释迦、多宝二佛之间上方悬雕一思惟菩萨及一供养弟子，窟内四壁上方开浅龛或雕千佛。其中第 126 窟第 97、98 龛之间有北魏延昌二年（513）曹子元造像题记，由此可确定石窟的开凿年代。北魏造像秀骨清像，雕琢细腻，反映出流行于中原地区的新的造像样式已经影响到甘肃的石窟造像。第 125 龛释迦、多宝二佛并坐像，刻画传神，风骨感人。第 172 窟北壁上部的北魏佛、菩萨像，方正敦厚，大约造于延昌以前。延昌以后的作品，如第 184 窟（俗称老君洞）壁画，以及第 169 窟中第 5 号和 8 号龛造像，其时代或可晚到西魏。

窟龛群中的北周造像有第 6 窟（图 1–43），平面作长方形，平顶，窟内正壁雕一佛，南北两壁各雕一菩萨。四壁彩绘千佛像，

图 1–43　炳灵寺石窟第 6 窟西壁坐佛　北周

以树为间隔，布局整洁。南北二壁下绘有佛本生故事，残存者似乎是猴王本生故事。与北魏、西魏的相比，造型趋于浑圆壮硕，人体比例已经缩短，已基本上摆脱了北魏晚期以来的"秀骨清像"面貌。

尽管隋朝统一全国之后，大兴佛教，修窟造像之风盛行，但炳灵寺此时修建的窟龛并不多，现存者以第 8 窟最具代表性。第 8 窟（图 1–44）位于窟群的南段，是一个平面近方形的平顶小窟，窟内低坛基上泥塑一佛二弟子二菩萨，佛、菩萨背光、项光之间彩绘有众弟子及众菩萨，下方彩绘男女供养人。窟顶正中彩绘莲花，周围画飞天。造型特点接近北周，但艺术处理上更为纯熟、细腻，富于变化，对服饰衣纹的处理尤为熟练，形式也较多样。壁画菩萨、弟子、供养人等形象生动，构图活泼，色彩富丽，堪称佳作。

下寺 2/3 以上（130 多个）的窟龛建于唐代，特别是唐高宗、武则天时期，不但窟龛数量多，而且艺术水平达到了高峰。第 64 龛，高 1.43 米，宽 1.46 米，雕一佛二菩萨二天王，在中国石窟艺术中，可居于最完美的作品之列，雕凿时间为仪凤三年（678）。

图 1–44　炳灵寺石窟第 8 窟西壁南侧佛弟子　隋

第 49—58 龛，是一组紧密相邻、排列整齐的方形（或长方形）浅龛，由龛下造像记可知为永隆二年（681）所造，龛内雕阿弥陀佛坐像和二菩萨或单身观音菩萨立像。炳灵寺唐代菩萨造像成就突出，大多在高度概括的整体造型上，用简洁的线刻表现出运动中的肌肉起伏和裙褶变化（图 1–45）。这种简便易行的处理手法，使大量小型造像也都能较好地刻画出菩萨丰腴健美的形体、温厚慈和的面容。第 3 窟内石雕中心方塔是建筑史的重要资料，就石窟形制而言，也是全国罕有的实例。第 10 窟造像属于盛唐风格，其中拄剑而立的天王像，体魄雄强、威武。位于第 169、172 窟

图 1–45　炳灵寺石窟第 23 龛　唐

下方的第171龛摩崖大佛（图1-46），高27米，为贞元十九年（803）所造弥勒佛倚坐像，以石刻造型并加泥增塑，现泥层多已剥落。龛前原有附山而建的7层木构大阁，早已毁坏。

唐代以后直至元代，除少量补塑修缮外，实际上已无开窟之举。元代以后藏传佛教在西北地区盛行，曾在炳灵寺第70窟塑十一面观音像，并在许多洞窟重绘壁画。崖面空隙处浮雕佛塔，应系宋代以后所为，一直延续到明清。

炳灵寺造像历史延续时间较长，不同时期的工匠创造出了风格不同的雕塑和绘画作品，展现出不同的时代风貌，为后世留下了触摸古代历史的真实画卷，是中国人民宝贵的文化遗产。1961年国务院公布炳灵寺为第一批全国重点文物保护单位。相关的调查研究及开发工作陆续展开，随着社会各界对文化遗产的重视，炳灵寺的保护、开发、研究也日新月异。炳灵寺过去承担着古代中西交流的桥梁责任，如今已经成为人们提高修养、了解传统文化的艺术胜地。

图1-46　炳灵寺石窟第171龛

三、陕　西

彬县大佛寺石窟

唐朝国力强盛、经济发达，堪称我国历史上的鼎盛王朝。它兼容并蓄，创造了中华民族的优秀文化，也将佛教文化、艺术推至一个新高度。当时的长安既是政治中心、经济中心，也是佛教的中心，这里佛寺林立，高僧众多，香火不断，佛教艺术异常发达。只是昔日长安的繁华已逝，佛教艺术兴盛的全貌已不可知，然而长安城附近幸存至今的一些佛教石窟，尚保留着唐代佛教造像，成为我们探究唐朝佛教艺术的重要依据。位于西安市西部的彬县大佛寺（图 1–47）就是这样的一处石窟遗迹。

彬县，唐时称邠州，位于古代丝绸之路北道，是西出长安东段的第一站。大佛寺石窟就位于彬县城西 10 公里泾河南岸的清凉

图 1–47　彬县大佛寺

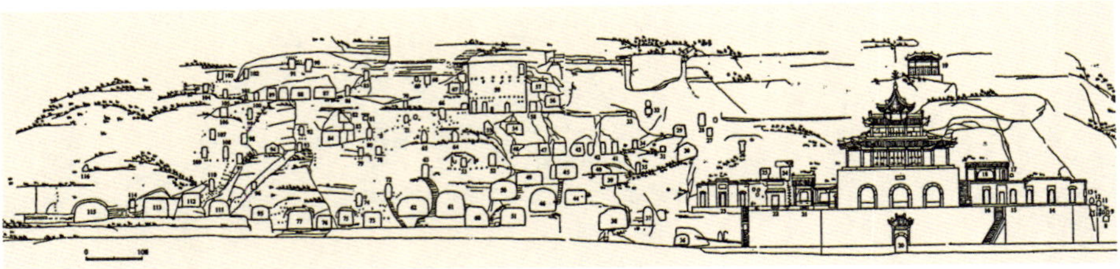

图 1–48　彬县大佛寺石窟中崖与东崖窟群立面图

山上，是陕西省境内规模最大的石窟群。这里山川交错，风光绮丽，前有泾河蜿蜒东流，窟前屹立着五层楼阁，幽美之中透着灵气。石窟主要由大佛洞、罗汉洞、千佛洞组成，现存大小窟龛 361 个，其中洞窟 107 个，佛龛 254 个，内有造像的洞窟共 19 个，造像 1498 躯。东部 87 窟称为“东崖”；中部 12 窟称为“中崖”，即“明镜台”；西部 8 窟称为“西崖”。其中东崖和中崖洞窟比较密集（图 1–48），始于北朝，历经隋、唐、宋、元、明、清各代。远眺山崖，当年供给僧侣修行、起居的僧房窟，成组排列，其间彼此以栈道、石廊或竖井形通道相连，形成庞大且连贯有序的僧房窟群，极为罕见。尽管含有造像的洞窟不多，但是大佛洞、千佛洞（图 1–49）和罗汉洞的规模之大、保存之完整依然令人印象深刻。1988 年，大佛寺石窟被国务院公布为全国重点文物保护单位。

作为全寺规模最大和保存最完整的洞窟，大佛洞是唐太宗李世民所建，初名应福寺，是为了纪念在他指挥的彬州浅水原大战和五龙极大战中阵亡的将士，完工于贞观二年（628），因其中雕刻的高达 20 多米的大坐佛而得名，也是我国现存唐太宗时期规模最大、最为精美的一处洞窟。北宋仁宗为其养母刘太后庆寿时改名庆寿寺。大佛洞是全寺的建筑中心，平面近似于凸字形，进深 18 米，横宽 34.5 米，高 23.5 米，内有 70 龛，1001 躯造像（图 1–50）。窟前部接清代所建五层楼阁，顶部为穹隆形，中间有横向人字坡。窟内正壁造阿弥陀佛及侍立的观世音菩萨和大势至菩萨。三尊造像是先雕出砂岩的石胎，再在外表泥塑彩绘。阿弥陀佛（图 1–51）高 27 米，宽 10 米，佛指长 2 米。依岩趺坐，肩宽厚，披衣袒胸，腰系佩带，造型自然丰满，神情端庄。前壁的大型明窗正好可以透过一束光线，照射在佛像面部，在整体幽暗的反衬

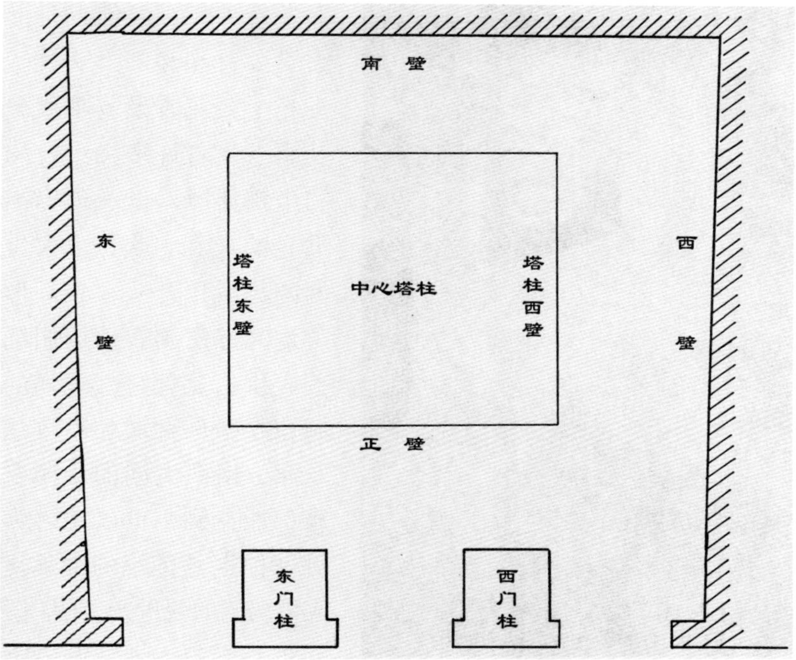

图 1-49　彬县大佛寺千佛洞平面图

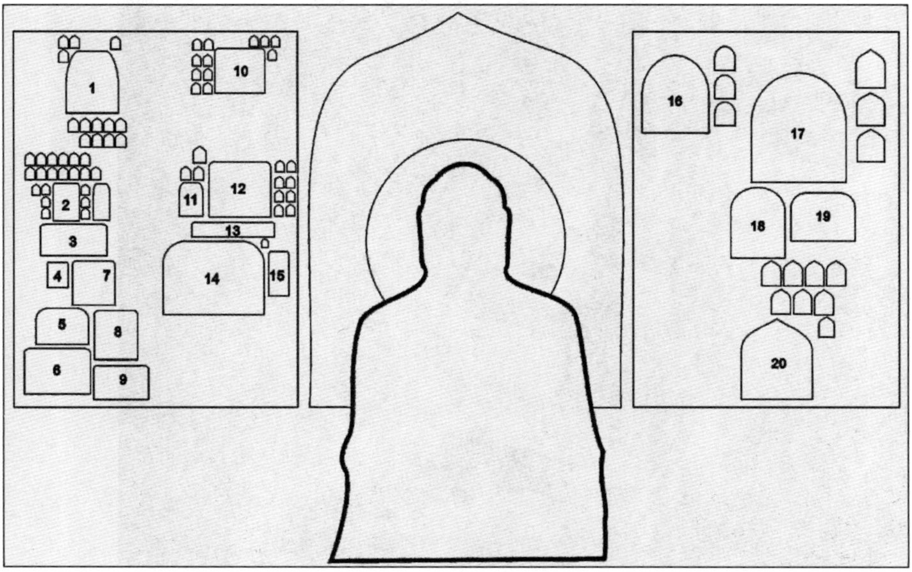

图 1-50　彬县大佛寺大佛两侧诸龛分布示意图

图 1–51　彬县大佛寺大佛

下透着神秘。大佛有舟形火焰纹背光和圆形头光。头光上刻花卉及卷草纹。其间点缀着许多飞天伎乐和坐佛浮雕，以展现佛国世界的祥和、欢快。大坐佛的身后还开有一条环形甬道，方便佛教信徒们绕着大佛右旋礼拜，这样的洞窟在新疆拜城的克孜尔石窟、山西大同的云冈石窟都能见到，可以视之为对一种古老传统的继承。大佛两侧的观世音菩萨（图 1–52）高 21.5 米，大势至菩萨（图 1–53）高 21 米。大佛洞内四壁布满佛龛，有方形、尖拱形和圆形三种。龛内造像

图 1–52　彬县大佛寺大佛左侧的观世音菩萨

图 1-53 彬县大佛寺大势至菩萨

大多为一佛二菩萨，也有千佛、佛传、本生、帝释天等形象。窟内“大唐贞观二年十一月十三日造”的题刻，表明了石窟的建造年代。

大佛洞东侧的第 10 窟为千佛洞，题记表明大约开凿于唐高宗时期，由三个石窟组成，属于大型中心柱窟，平面近似于正方形，窟顶为纵券顶，平整低矮，在方形柱的正、东、西三壁各开一龛，龛内塑有初唐风格的造像。三个石窟内均有佛和菩萨造像，题材有单尊佛像、双尊佛像、一佛二菩萨像、一佛二弟子二菩萨像等。有时会在佛、弟子、菩萨造像中加入天王、力士之类的形象。这些造像的总体特征是鼓胸、细腰、宽胯、头身比例适度、身躯丰满健康，特别是一些菩萨像清晰地显露出女性优美的身体轮廓，加上扭动的胯部、舞蹈动作般的手姿，尽显造像的妩媚与婀娜。从风格上看，是典型的初唐长安风格。窟内四壁满是浮雕作品，或为人物或为经变故事，惟妙惟肖、布局严整、题材丰富。从窟内存留的历朝铭文发愿题记看，大部分造像是在武则天执政的武周时期雕造出来的。从其他地区的初唐佛教造像看，该时期的造像均呈健美的身材、婀娜多姿的体态。因此千佛洞的造像（图

图 1–54　彬县大佛寺千佛洞菩萨　唐

1–54）毫无疑问是武则天时期的代表性作品，体现了大唐帝国最为纯正的佛教造像艺术。

大佛洞西侧为罗汉洞（图 1–55），大约开凿于唐高宗时期，共 4 个洞窟，规模较小，形制比较特殊，内部分为东西两室。西室为主室，平面呈马蹄形，正壁开有一所马蹄形大龛；东室是竖长方形的窟室，相互连通。中国自有石窟以来，讲究左右对称的原则，类似这种形制的石窟，实属个案，令人称奇，个中原因多有猜测。有人认为从对称的原则看，大佛洞居中，东边的千佛洞与西边的罗汉洞左右并置，符合一般的规划设计。而罗汉洞之所以呈现这种形制，最可能的原因是未完全建成，故不能体现当初的设计意图。石窟内墙壁上浮雕经变故事 60 余幅，并保存有唐宋以来游人题刻多幅。窟内造像为石佛和菩萨，数量不等，造型与千佛洞相似，雕工细致。

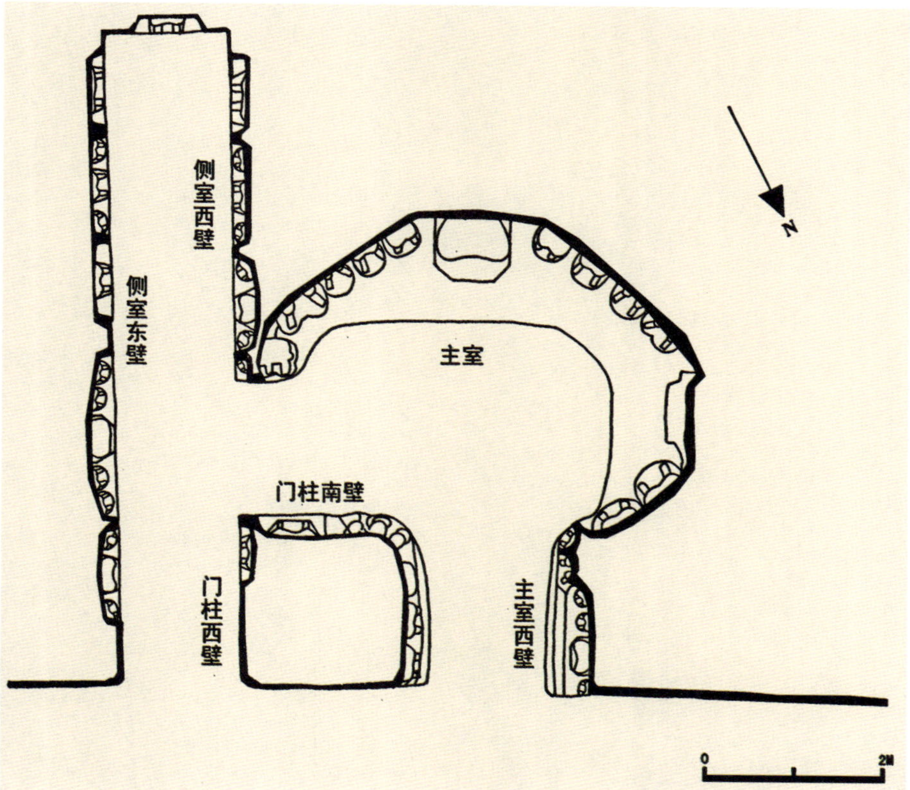

图 1–55　彬县大佛寺罗汉洞平面图

大佛寺石窟开凿的背景是皇室定都长安，贵族纷纷赞助佛教造像运动，由皇家贵族主导的造像风格成为当时的主流。大佛寺石窟现存的初唐佛教造像当是唐代早期佛像式样的典范。遍布全国各地的唐代造像正是从首都一带兴起，逐渐扩展到大江南北、黄河上下的。透过大佛寺石窟，我们不仅看到了唐初佛教的局部，也感受到了唐代艺术的高超表现，更看到了一种全新造像理念与风格的产生。

四、宁　夏

须弥山石窟

梵文中的须弥山是“宝山”的意思，按照佛教的观念，世界的数量是数不清的。每一个小世界里，都有一位起主宰作用的佛，而每一个小世界又都以须弥山为中心。宁夏固原西北55公里处便有一名为“须弥山”的丘陵，显示这里曾经是某个世界的中心。此地属六盘山支脉，峰峦叠翠，松柏森然，是一处静谧之地。寺沟水自西向东，将这里的山峦劈为两半，两岸奇峰高耸，状如天门，隋朝时称“石门”。自此向北出萧关，渡黄河，便是贺兰山脉；由此向东南，经固原、平凉、彬县，则直抵西安，堪称关中咽喉，战略地位十分重要。秦国之时，此地便被纳入秦国版图。西汉时设高平县，属安定郡治所，成为该地区的政治、经济、文化中心。十六国时匈奴后裔赫连勃勃在高平自称“天王、大单于”，国号“大夏”，统治该地区。公元418年更是取长安而称“皇帝”。此后，北魏、西魏、北周政权先后经营此地，此地始终是关中与西域之间的战略要地。十六国时期至北周时期，统治者皆支持佛教，固原一带自然不能避免。而须弥山的名字与佛教的传播及其在此地的影响有着密不可分的联系。

在须弥山东麓南北长1800米、东西宽700米的几处砂岩山坡上开凿有大小洞窟100余个，现在仍达132个。如此规模的造像显示，这里曾经是固原一带的佛教中心。石窟极有可能是北魏年间开始修建的，西魏、北周、隋、唐各代陆续营建，宋、元、明、清各朝也曾有过修葺重妆。现存洞窟主要分布在大佛楼、子孙宫、圆光寺、相国寺、桃花洞、松树洼、三个窑和黑石沟八个区域（图1–56）。

北魏和西魏的洞窟主要集中在子孙宫区，计有第14、24、32

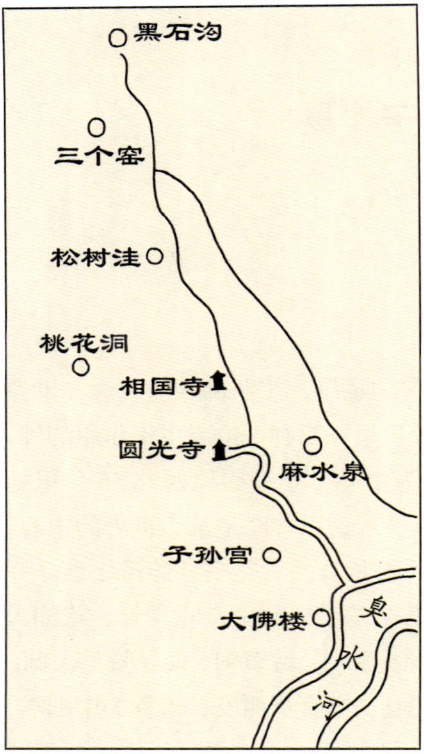

图 1–56 须弥山石窟分布图

窟。洞窟规模一般都不大，多方形平面的中心柱窟，只是这里的塔柱更像是方形平面楼阁式宝塔，另有修禅和居住皆用的禅窟。中心柱窟一般平面为方形，覆斗顶。窟门上方有明窗，壁面大多不开龛。中心柱上小下大，多层四面开龛，或三层或七层。这种多层塔式的中心柱窟与云冈石窟较为接近，应是受东部石窟影响而出现的。造像题材常见一佛二菩萨像。第 24 窟中心柱（图 1–57）顶层四龛的内容比较特殊，后龛刻乘象入胎，东龛是逾城出家，正龛是悉达多太子思惟像，西龛雕有一尊立佛，手持一物，似乎是释迦牟尼托钵起程、游化说法的情景。这些佛传故事是须弥山石窟中唯一的一处佛传故事雕刻。有的禅窟结构比较特殊，如第 23 窟主室两侧附有二僧房，窟顶是在平顶的基础上，中心部位凿成穹隆顶式。这种形制在中原北方地区的石窟寺中尚无同样例子，但在新疆地区的石窟寺中颇为常见，很可能与来自西域而定居在原州的商胡有关。西魏时期开凿的洞窟数量明显增多。一般洞窟的规模与北魏洞窟大体相当，个别洞窟规模稍大。比较典型的中

图 1-57　须弥山石窟第 24 窟中心柱

心柱窟，如第 33 窟为方形覆斗顶、双层礼拜道的中心柱窟，这种形制是目前所见中心柱窟中的孤例。第 32 窟中心柱七层，四面开龛。其他还有方形殿窟、三壁三龛窟和僧禅窟。这些洞窟往往与中心柱窟构成洞窟组合。

北周时，李贤任原州刺史，经营此地。李贤是北周政权极为重视的一个人物。宇文泰曾将两个年幼的儿子寄居在李贤家达 6 年之久。周武帝宇文邕西巡原州时，也亲自驾临李贤宅第，足见李贤在宇文氏家族中的地位与分量。由他来经营原州，自然是看中了此地的战略价值。正是在李贤治下，须弥山石窟的开凿进入

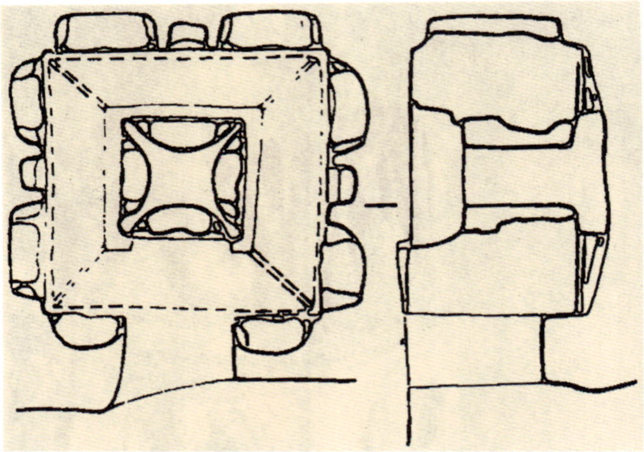

图 1–58　须弥山石窟第 46 窟平剖面图

图 1–59　须弥山石窟第 46 窟前壁龛内菩萨

高潮期，不仅数量可观、规模宏大，而且技艺精湛，成为须弥山石窟的精华部分。北周洞窟主要分布在圆光寺和相国寺区，以大型中心柱窟为主，其次为三壁三龛窟、方形后壁设坛窟。这些洞窟往往构成组合形式，如礼拜窟与僧房窟和生活设施水井组成一组。保存较好的中心柱窟有第 45、46、51 窟。第 45、46（图 1–58）两窟比邻，形制结构一致，平面为方形，覆斗顶，均雕有仿木佛帐结构。与北魏时期的同类窟形不同的是，中心柱的每面只开一个大龛，龛内雕造大型的佛与菩萨像（图 1–59）。佛像头顶的肉髻低平，面相方圆，双肩宽厚，已经摆脱了北魏清瘦的程式化样式，形成北周特有的厚重敦实的写实造型风格。

第 51 窟是一座特大型洞窟，由前后室和南北两耳室构成，是须弥山形制独特、规模最大的一座中心塔柱窟。主室平面为方形，覆斗顶，高 10 米，宽 14.6 米，进深 12.5 米。窟内雕刻仿木式框架结构，这种仿木式的佛帐结构是西部原州、秦州（麦积山）北朝晚期石窟寺的特点之一，东部地区的石窟寺则不见这种形式。中央设立中心柱，边长 5.5 米，单层，四面各开一龛。窟内四壁也开龛，东、南、北三壁中部各开一窟门，右门外尚存力士像三身。但这个大型洞窟并没有完工，只完成了中心柱龛像和西壁（正壁）三尊高达 6.2 米的大佛（图 1–60）及南壁西侧一佛二菩萨像。其他为隋代续凿的中型造像龛。从布局看，原洞窟设计雕刻的主尊

图 1–60　须弥山石窟第 51 窟后壁三坐佛　北周

题材为七佛。其北周时期的造像特点比较明显，均身体健壮。佛像的肉髻宽而低平，脸庞方圆，双肩宽平，身着通肩袈裟或双领下垂式袈裟。菩萨一般头戴冠，脸庞亦方圆，披巾交叉穿环，横于腹膝二道，璎珞为联珠纹，交接于腹部莲花饰上，或垂于膝部。值得注意的是，除第 51 窟外，第 47、48、37 窟也未能如期完工。如此多的大型洞窟工程突然中止，恐怕不是偶然的，很可能与周武帝灭法事件有关。

隋代是须弥山石窟营造的低潮期，开凿的洞窟很少，主要有相国寺区的第 66、67、70 窟以及在前期洞窟中补凿的一些龛像。第 67（图 1–61）和 70 窟为中心柱窟。洞窟形制基本上承袭了北周洞窟的样式，为方形覆斗顶，中心柱单层四面各开一龛。中心柱顶部出现了仿木式斗拱结构，而造像明显是北周样式。

图 1-61 须弥山石窟第 67 窟中心柱右面龛 隋

唐代是须弥山石窟开凿的繁荣期。洞窟数量多达 61 个，分布在大佛楼、相国寺、桃花洞等区。洞窟形制以方形覆斗顶的佛殿窟为主，窟内四壁一般设坛基，坛上雕成铺造像。其次为方形穹隆顶三壁开龛的佛殿窟以及方形或横长方形的僧房窟。大佛窟和中心柱窟较少，但规模很大。如大佛楼第 5 窟为敞口大像龛式，龛内雕高达 20.6 米的倚坐弥勒大佛（图 1-62），开凿于唐高宗晚期和武周初期。这是现存年代较早的倚坐弥勒大像。桃花洞第 105 窟为特大型中心柱窟，约开凿于中宗和玄宗时期，规模宏大

图 1-62 须弥山石窟第 5 窟大佛楼倚坐大佛

而形制十分少见。洞窟有前后室。前室近方形，露顶，两侧壁均凿有龛像，原建有三开间二层的木构建筑。前室外左右两侧崖面上下各凿一方形佛殿窟，窟内雕有成铺造像，构成了一组庞大的洞窟组合。前室后壁开一窟门，上有明窗。后室方形平顶，设中心柱，中心柱单层四面开龛，龛内主尊分别为正壁一倚坐弥勒佛，南壁一半跏坐观世音菩萨，西壁一坐佛，北壁一僧人装束的半跏坐地藏菩萨。窟内左右壁各开一龛（图 1-63），后壁正中开一门，门左右各开一龛。唐代洞窟的造像题材一般以三世佛为主，组合多为一佛二弟子二菩萨二天王二力士像，有的还增加了二狮子。约在玄宗时期出现了密宗题材，如多臂观音、地藏菩萨等。窟前左右复有上下二小龛，最高处开有大型人字形沟槽，可知原是以第 105 窟为主的 5 个洞窟统一建在一个大型木构之下，外观为三重楼阁形，最上一层为山面向前的屋面。盛唐中期中型洞窟较多，多为方形单室，沿三壁设高宝坛，三壁雕三佛并胁侍、天王、力士像。

图 1–63　须弥山石窟第 105 窟左壁后龛接引佛　唐

石窟中尚保存了一些宋、西夏、金、明各朝的汉文题记和数座明代碑刻，其中的唐“大中”、宋“绍圣”、金“大定”三则题记及西夏两则题记、古藏文刻记和明代石碑尤为重要。通过这些题记，可以详细了解须弥山石窟寺的历史沿革，及其与唐、吐番、宋、西夏等政权的相互关系，在详细了解了它们之间的关联后，我们才能更清楚地看到石窟寺在历史长河中的真实地位，并进一步了解佛教对各政权的影响。

第二章 华北地区

一、山　西

云冈石窟

云冈石窟（图 2–1）原名武州山或武州塞石窟，又有灵严寺之称，位于山西省大同市西郊武州山北崖，石窟依山开凿，东西绵延 1000 米，占地面积约 40 万平方米，现存主要洞窟 45 个，附属窟龛 207 个，造像 51000 余尊，最大者达 17 米，最小者仅几厘米，代表了公元 5 世纪至 6 世纪中国杰出的佛教石窟艺术。其中的昙曜五窟，布局设计严谨统一，是中国佛教艺术第一个巅峰时期的经典杰作。

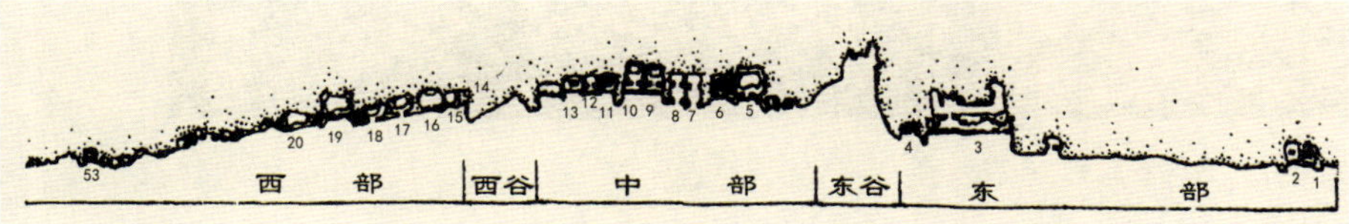

图 2–1　云冈石窟平面图

公元 398 年，建立北魏一朝的拓跋鲜卑将都城从盛乐（今内蒙古和林格尔）迁至平城（今山西大同）。武州为盛乐与平城之间的交通要冲，加之山清水秀，林木茂密，北魏皇帝经常在此祈祷求雨，颇有神验。太武帝时信道抑佛，在其统治区内实行灭法政策，大肆杀戮僧侣，焚毁经像。文成帝即位以后，令沙门统昙曜主持复法大业。在文成帝的支持下，昙曜选择了钟灵毓秀的武州山，“凿山石壁，开窟五所，镌建佛像各一，高者七十尺，次六十尺，雕饰奇伟，冠于一世”。云冈的大部分洞窟在北魏迁都洛阳前完工，但是造像工程则一直延续到正光年间（520—525）。

昙曜主持开凿的五个洞窟，编号第 16 至 20 窟，位居云冈石窟群的中部偏西，俗称“昙曜五窟”（图 2–2、2–3、2–4、2–5、2–6）。有人认为这是昙曜为太祖道武帝以下五帝所造，窟内五尊主尊佛像是“令如帝身”的模拟像，分别象征着北魏道武、明元、太武、景穆和文成帝这五位皇帝。五个洞窟均为大像窟，平面形制似马蹄形，窟顶作穹隆式，洞窟前壁设有长方形窟门和高大的明窗。各窟内雕刻着过去、现在和未来的三世佛，正壁的主尊为高达 13—17 米的巨形佛像，占据了窟内大部分空间。其中

图 2-2 云冈石窟第 16 窟大佛

图 2-3 云冈石窟第 17 窟大佛

第 18、19、20 窟在云冈石窟中开凿最早。第 19 窟是这一组洞窟的中心窟，主尊释迦牟尼佛坐像高 16.8 米，另两身倚坐佛像在左、右耳洞，均高 8 米。第 20 窟已完全露天，正中雕释迦佛，着右袒袈裟，结跏趺坐，高 13.7 米，两侧雕两立佛。第 18 窟居中释迦佛立像披千佛袈裟，高 15.5 米，两侧雕两立佛。第 17 窟正中

图 2-4 云冈石窟第 18 窟大佛

图 2-5 云冈石窟第 19 窟大佛

图 2-6　云冈石窟第 20 窟大佛

雕弥勒菩萨交脚像，高 15.6 米。第 16 窟雕释迦佛立像，高 13.5 米。云冈石窟开创时期凿建的这 5 个大窟，窟室多模拟平面椭圆形、穹隆顶的草庐形式，造像面相方圆、两肩宽厚、目深鼻高，佛像衣服质感厚重，多作毛织物般突起的衣褶，带有牧区服装的特点和犍陀罗艺术的影子。

在冯太后和孝文帝于平城执政的 30 年间（465—494），云冈石窟的雕凿进入鼎盛阶段，除皇室外，还有官吏和上层僧尼参与开凿。此期在武州山陆续斩出高达 30 米、长近 600 米的摩崖巨壁，连续开凿并基本按计划雕凿完成了 12 个大型石窟，它们是 1 至 3 窟和 5 至 13 窟。洞窟形制呈现多样化，除了马蹄形窟外，主要有中心柱窟、方形和横长方形窟以及禅窟。模拟汉式传统建筑样式的成组的双窟是这一时期云冈洞窟的显著标志，如第 1、2 窟，5、6 窟，7、8 窟，9、10 窟都属双窟之制。

双窟中开凿年代最早的是第 7、8 窟，大约完成于孝文帝初年。洞窟具前后室，前室露顶，雕刻风化较为严重。前后之间凿窟门和高大的明窗。后室平面为横长方形，正壁上下开龛，左右壁上下四层开龛，下层龛下雕刻供养人行列。窟顶为平棋，满雕飞天。两窟的正壁主尊题材略有差别。第 7 窟上龛为交脚弥勒菩萨像，配二倚坐佛（图 2–7）。下龛为释迦多宝。第 8 窟上龛为倚坐佛，配二交脚菩萨像。下龛风化不清。一般认为上龛为三世佛题材，但也有可能是三身弥勒的组合。前后室还分层分段布置了本生故事浮雕和表现佛传故事的佛龛。其次开凿的是第 9、10 窟（图 2–8），

图 2–7　云冈石窟第 7 窟后室佛龛

图 2–8　云冈石窟第 9、10 窟

两窟主像分别为释迦倚坐像和弥勒交脚像，壁面列置较多的两佛并坐像，出现了乘象菩萨、仿中国传统木构建筑龛饰和中亚、西亚繁缛的植物纹样，前室凿成八角列柱，后室后部出现礼拜道。第 5、6 窟这组双窟建成时可能已近迁都之际，主像均为三世佛，褒衣博带的服装是太和十年服制改革后的产物。第 6 窟后室凿出中心塔柱（图 2–9），高 15 米，上层雕立佛，下层四面各开一

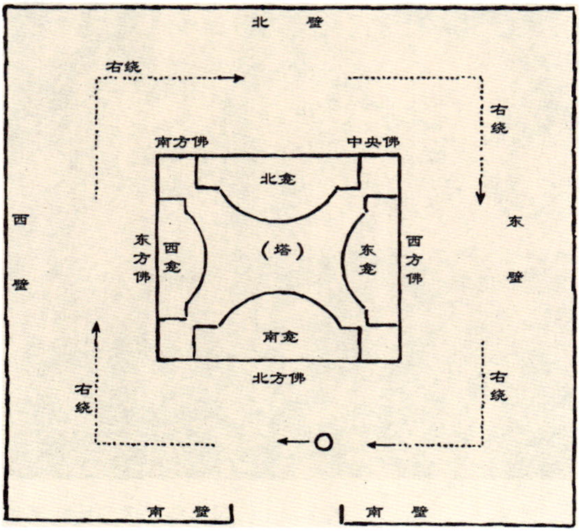

图 2–9　云冈石窟第 6 窟塔柱之五方佛位

龛，龛内南面结跏坐佛、西面倚坐佛、北面两佛并坐、东面交脚菩萨，塔身和壁面浮雕佛传故事计 33 幅，南壁门上雕维摩诘变。第 5 窟后室中央主像坐佛高 17 米，壁面满布雕凿时间不同的小龛。据推测，辽代或曾在这组双窟建天宫寺。第 11、12、13 窟一组以第 12 窟为中心窟，前室凿出 3 间仿木构窟檐，后室后壁主像上层龛为交脚弥勒菩萨、下层龛为两佛并坐，开凿时间大约和第 9、10 窟相同，但第 11、13 窟营建时间延续较长。第 11 窟内凿出中心塔柱，东、西壁分别存有太和七年和二十年纪年题铭。第 13 窟主像交脚弥勒菩萨（图 2–10）高约 13 米，南壁有与第 11 窟西壁相似的七佛立像，是新出现的题材。第 1、2 窟一组均为中心塔柱窟，塔柱正面主龛均雕释迦多宝像，前壁两侧雕维摩诘变，凿建时间应在第 9、10 窟和第 5、6 窟之间。以上 5 组之外，第 3 窟的主要工程也在这个时期进行，窟前室宽 11 米、高约 25

图 2–10　云冈石窟第 13 窟正壁

米，后室宽 42.7 米、深 15 米、高 13.6 米，是云冈最大的洞窟，北魏时期未能完工，其前室上部雕双塔，双塔间凿弥勒窟室，均属 494 年前后的作品。

这一时期的石窟无论规模还是内容均超过了前一时期。它吸收了龟兹（今新疆库车一带）、凉州（今甘肃敦煌）石窟的艺术精华，结合中原地区的艺术特色进行了新的融合创造。此期云冈出现了佛殿窟和塔庙窟，造像内容丰富多彩，汉化色彩渐趋浓厚，如雕斗拱的仿木构殿堂窟、楼阁式塔、盝形帷帐龛等中原传统的建筑形式均有体现；佛、菩萨面相丰瘦适宜，表情温和恬静，褒衣博带式佛装亦在太和十年以后的造像中出现，从而拉开了云冈乃至北方石窟造像中国化的帷幕。

太和十八年（494），北魏迁都洛阳，随着政治中心的南移，云冈大规模的开凿活动停止了。但北都平城仍是佛教重地。从 494 年到 524 年的 30 年中，由留居平城的中下层官吏和信仰佛教的民间团体开凿的中小型窟龛，如蜂窝般从东到西遍布崖面，现存此类型龛达 210 个，由此可见平城佛教文化的兴盛。新建窟龛主要向昙曜五窟以西延伸，形成了石窟寺西端的中小窟龛群。洞窟形制有中心塔柱窟、椭圆形穹隆顶窟、方形或横长方形窟，新出现三壁三龛窟。窟内方整，窟外门楣处雕饰繁缛，佛像面形清瘦，长颈，削肩，均着褒衣博带式服饰。装饰日渐繁复，少有新的题材，许多方面的特征接近龙门石窟的北魏洞窟。造像题材流行三世佛、释迦、弥勒、释迦多宝以及维摩、文殊，本生、因缘和佛传故事也较为常见。造像样式为典型的“秀骨清像”。

第 38 窟是内容比较丰富的洞窟，窟内北壁开一龛，龛内雕释迦多宝。龛外左侧为释迦涅槃浮雕故事，右侧为罗睺罗因缘，龛下有骑象菩萨和骑马菩萨。东壁上下二龛，上龛为交脚菩萨，下龛为释迦坐佛，龛外两侧有阿育王输土和儒童本生。西壁开一龛，内雕倚坐佛（图 2–11）。南壁窟门两侧分别雕刻了降魔成道、初转法轮、降服三迦叶、佛从忉利天化现三道宝阶降下、雕鹫怖阿难入定等故事。

一些中心塔柱窟，如第 15、21、39、51 等窟，方塔出檐达 5 层，四壁雕千佛。有的中心方柱不雕出塔形，四面雕立佛像，如第 4 窟，是云冈最晚的北魏窟。位于昙曜五窟东侧空余崖面的第 14、15 窟，壁面、列柱多雕千佛，以弥勒、释迦、多宝为主像。以第 26、28 等窟为代表的约 20 个中小型窟，壁上重层开窟，主像释迦多宝佛，或上层龛弥勒、下层龛释迦多宝或释迦佛。第 33、35 窟等约 30 余小窟，均三壁各开一龛，主像为释迦或释迦多宝佛，弥勒龛在东壁，有延昌五年(516)造像题记。这一时期的造像艺术更臻成熟，尤其是许多窟顶的飞天伎乐，构图典雅，线条流畅，雍容中透着秀雅，夸张中微含敛意，宁静中充满意境，是艺术美的典范之作。

图 2-11 云冈石窟第 38 窟西壁佛龛

此后，尽管唐代和辽代曾整修或雕凿了部分石窟，清代也曾重建过云冈寺院，但云冈石窟造像的衰落已经不可避免。

云冈石窟以其丰富的造像、鲜明的时代特征、高超的艺术表现力和感染力，夺得公元5世纪中国石刻艺术的桂冠。云冈石窟的造像被称为“云冈模式”，其造像风格不但自成体系，且对中原周边地区石窟的开凿也深有影响，因而被国务院公布为第一批全国重点文物保护单位。在云冈石窟，我们不但能看到来自遥远的西部的造像风格的影子，也能看到汉化之后的艺术样式。云冈的特殊地理位置及窟内的造像风格，使其成为我们观察佛教自西向东传播的典型标本。正是基于这些重要特性，2001年云冈石窟被联合国教科文组织世界遗产委员会列入《世界遗产名录》，成为全球性的重要文化遗产。

天龙山石窟

东魏高氏发迹于晋阳（今太原），丞相高欢不但在此设立大丞相府，还建定国寺等佛教建筑，将其建成一个政治、宗教中心，以此操控东魏政权。及至次子高洋称帝，建立北齐，定邺城（今河南安阳、河北邯郸一带）为上都、晋阳为下都并设宗庙于此，确立了两个政治中心。于是两地之间成为北齐石窟造像的集中地。邺城与晋阳之间，东魏、北齐皇室、贵族来往频繁，自然行宫林立。晋阳古城西南约40公里处的天龙山，正处于两都的交通要道上。此处植被茂密，山势奇伟，环境优雅，是理想的修行栖身场所，成为佛教徒修建寺院的首选之地。今西山之天龙山、蒙山一带佛寺众多，成为太原风景名胜荟萃之地（图2–12）。在诸多佛教寺院中，天龙山石窟最为有名。天龙山前有天龙寺，创建于公元560年，原是高欢的避暑行宫，宋代改为圣寿寺，寺旁林木荫茂，风景宜人。石窟开凿于天龙山东、西二峰的山腰，东峰有十二窟，西峰有十三窟，东西延绵500余米，始凿于东魏末，止于唐代。

天龙山石窟规模不大，以五龙洞及高欢避暑宫殿遗址为中心开凿，现存洞窟25个，编号沿崖面自东往西：东峰（图2–13）分上下两层，上层4个窟，1—4；下层8个窟，1—8。西峰（图2–14）

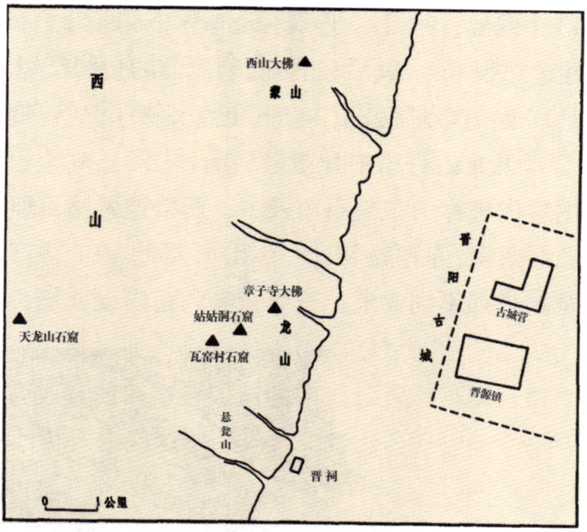

图 2-12　太原地区石窟寺分布图

图 2-13　天龙山东峰石窟立面图

图 2-14　天龙山西峰石窟立面图

13 个编号：9—21。据现存造像风格和《开皇石室铭》载，石窟创建于东魏末年，其后在北齐、隋、唐续有开凿，以唐窟居多，有 15 个，是首批被国务院公布为全国重点文物保护单位的佛教遗迹之一。

天龙山石窟中开凿最早的是第 2、3 窟（图 2–15）。由于我国境内现存的东魏石窟极少，所以这两座石窟显得弥足珍贵。两窟系双窟，东西毗邻，大小相同，形制一致，均为方形，覆斗顶，长、宽、高都不到 3 米，三壁三龛。窟内设低坛，龛作尖拱形，壁面

图 2–15　上层第 1、2 窟，下层第 2、3 窟

及窟顶刻浅浮雕，题材有维摩与文殊问答、树下思惟菩萨、迦叶、阿难、束髻供养人和世俗供养人像。窟内雕一佛二菩萨像。佛像面容清瘦，双肩微溜，身材修长，略显单薄而瘦弱；着褒衣博带式袈裟，安然跏趺坐于束腰方座之上，衣纹一直似阶梯叠落而下（图 2-16）。胁侍菩萨头梳高发髻，眉清目秀，身材修长。袒上身，披帛于腹部交叉穿环，或相交于腹下部，下身穿长裙，尚存北魏余风。飞天发髻双结，屈腿直身，长裤紧裹。男性供养人头

图 2-16 天龙山石窟第 2 窟西壁龛佛像

戴高笼纱冠，足蹬云头履。造像雕凿细腻，极富写实性。从窟的形制、题材和样式看，其与龙门、巩县等地北魏石窟有着明显的承袭关系，推测其创作年代当为东魏后期。当时高欢修建定国寺，而定国寺的僧人又参与了天龙山石窟的开凿，因此这一组双窟当是高欢为其父母做功德、祈福而开凿的。

东峰第 1 窟（图 2–17）、西峰第 10 和 16 窟为北齐时所开凿。目前全国现存的北齐石窟主要见于这一地区，天龙山北齐石窟造像具有相当的代表性。北齐洞窟形制与东魏差不多，但是会在窟前雕仿木建筑式的柱廊，这种样式明显是模仿寺院大殿。主室（后室）承袭北魏时期的特点，出现平顶，并设低坛，三壁低坛前两侧浮雕二蹲狮捧博山炉、神王，窟顶饰飞天。窟内三壁三佛，每

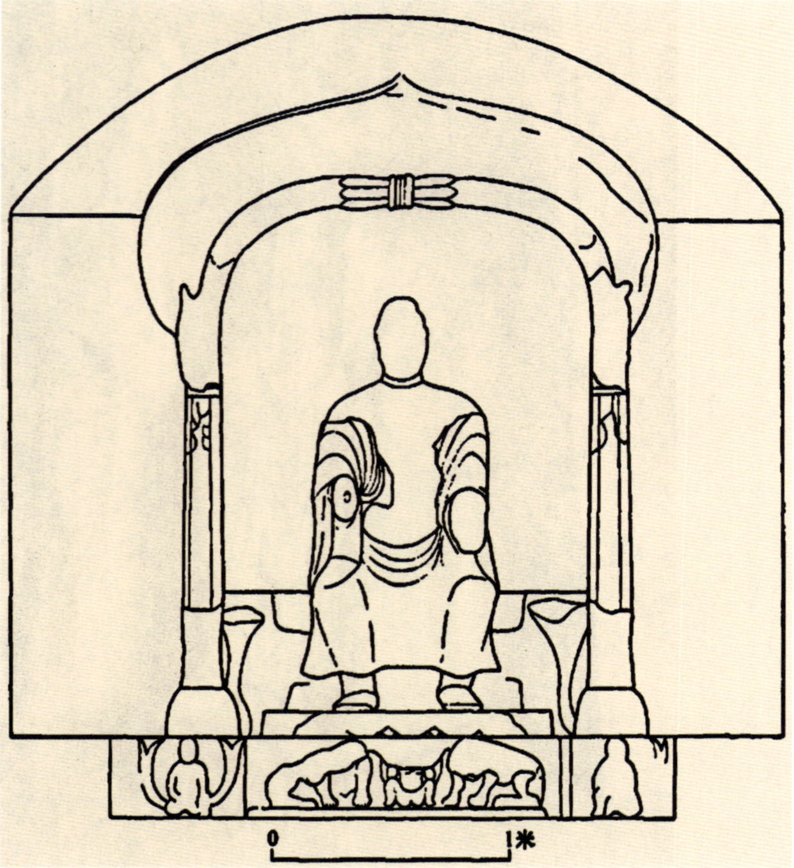

图 2–17　天龙山石窟第 1 窟北壁立面图

一单铺为一佛二立菩萨或一佛二弟子二立菩萨像。佛像肉髻低平，面相浑圆，躯体健壮而丰满，身着袒右式袈裟或双领下垂式袈裟，或着短摆褒衣博带袈裟，衣纹作双阴刻线，衣着很薄，紧贴肌肤；菩萨头戴高花蔓冠，脸庞宽而丰满，上身袒露，腹部微微凸起，显得十分硕壮；或天衣缠绕于臂肘而舒缓下垂，或瓔珞蔽肩，莲花饰腹，均着双层简洁薄质衣裙；力士、天王亦着菩萨装。以第16窟（图2–18）为例，窟宽3.64米，高2.02米。三开间仿木结构，中立两根八角形柱，并雕出承椽枋和斗拱，准确地表现了木结构建筑的原貌。主室平面为方形，长、宽、高均在3米左右，三壁三龛式，龛前有低坛基，坛基下面雕刻神王或伎乐，正壁坛基前雕刻二狮子和香炉，龛内雕一佛二弟子二菩萨五身像。整体造像风格与东魏有较大差别，注重刻画身躯凹凸起伏的变化，立体感强，趋于写实，塑造了一个个极富性格化的形象，更加接近人间生活，已具有北齐时代的审美风范。

图2–18　天龙山石窟第16窟西壁龛佛

天龙山隋代石窟，仅有东峰第 8 窟，亦是该石窟中仅见的前后室中心柱窟，规模在天龙山属最大。第 8 窟形制特殊，窟前为面宽三间的仿木构窟廊，然已不再沿袭北齐时期窟廊样式的旧做法，额上用斗拱及承椽枋，使柱子直抵承椽枋下，在各柱之间，每间用阑额斗拱及承椽枋。窟前左壁有开皇四年（584）仪同三司真定县开国公刘瑞等人的开窟碑文。窟门作尖拱形门楣，楣脚下立柱，两侧雕二力士像。主室平面略呈方形，覆斗顶，三壁三龛，中心柱四壁四龛。窟内中心柱四面各一帐形龛，龛内雕一佛二弟子像（图 2–19）。中心柱上部外侈，形成须弥山样式。窟内左、右、后三壁各开一大龛，龛内雕一尊佛像，龛外两侧雕刻二弟子和二胁侍菩萨。后壁龛的样式较特殊，佛像右侧原有一天王像，本尊结跏趺坐于叠涩座上，弟子胁侍立于龛外两侧壁前覆莲座上。造像风格仍存北齐遗风，如强调圆转，但有所不同的是开始注意身体结构的变化。因此造像的体形外观不止于单纯地突出体积感，而是有意地克服管形的垂直感和笨拙感，使躯体活泼生动起来。

唐代洞窟在天龙山最为丰富，共 15 个，占一半以上。唐窟一般作方形覆斗顶或圆形圆顶，周围设坛基的列像窟，分方形前后室、圆形前后室和圆形单室三种。前后室窟的前室，一般作仿

图 2–19　天龙山石窟第 8 窟中心柱南壁龛

木结构样式，后室多作三壁三龛；另作圆形列像和三壁一龛或尖拱形龛。造像题材主要为三世佛，后期出现以弥勒为主和十一面观音、文殊和普贤分骑狮和象的新题材。造像组合为三壁三佛，左壁一般为倚坐佛，个别有三坐佛。单铺以一铺五身、七身为主。佛和菩萨均呈现丰额广颐、体态优美的特点，充分展现了古代雕刻工匠化顽石为优美人体的卓越艺术才能。佛像头顶有高高的水波纹或漩涡纹式肉髻，身着袒右双领下垂式袈裟，亦有着通肩式袈裟的，丝织裙摆满覆佛座呈倒山字形。菩萨头束高髻，温软的脖颈上戴着花形项圈，躯体丰满匀称。力士上裸身，下着袍。后期出现了连弧形尖拱龛，佛像体态更趋优美和谐，菩萨则更显婀娜多姿（图 2–20）。

西峰第 9 号窟（中唐）位居天龙山石窟中心，规模宏大，是天龙山石窟中仅见的一处露天大龛。分阶梯形上、下两层精雕细刻。上层正中雕刻着高约 8 米的弥勒佛倚坐像，倚坐于束腰须弥座上。下层中央雕刻着高约 5 米的十一面观音立像（图 2–21），

图 2–20 天龙山石窟第 18 窟东壁佛菩萨

左为普贤菩萨乘象、右为文殊菩萨乘狮子的雕像。从形象的塑造特点看，佛像螺发，脸庞丰圆，身着双领下垂式袈裟，显得雍容大度，睿智而坦荡；菩萨则或作立像，或作垂一足盘坐，眉眼细长，樱桃小嘴，面相丰满圆润，双肩较宽，细腰窄臀，满身璎珞，尽显聪慧、高贵、典雅。佛像的单纯简朴与菩萨的华美富丽形成鲜明的对比，极富视觉冲击力。很显然塑造者充分注意和考虑了礼佛者在有限的范围内顶礼膜拜时视觉角度上的不同变化，使我们在远观和近赏中，都能得到不同的审美启示。

纵向看，天龙山的东魏、北齐作品，上承龙门余绪，极少新的突破，但是其唐代雕刻水平很高，表现手法细腻，具有很高的艺术欣赏价值。横向看，佛像袈裟单薄透体，衣褶自然而有规律，呈“曹衣出水”之式。另外，菩萨像在雕刻手法和样式方面，也可看出受到了长安造像样式的影响。

不幸的是，20 世纪 40 年代石窟曾受到严重的人为破坏，优秀的雕刻作品多数被盗运国外，现分别藏于欧洲及美、日等国的博物馆中（图 2-22）。当我们看到一尊尊断臂缺头的佛像时，我们难以自豪起来，尽管这些石窟在中国，可是它们却被活生生拆散成一个个片段，散落世界各地。当我们参观这些石窟时，心情复杂，难以言表。这不得不让我们思考：文化遗产在我们心中到底价值几何？

图 2-21　天龙山石窟第 9 窟下层十一面观音像

图 2-22　天龙山石窟第 21 窟观音像　现藏美国大都会艺术博物馆

二、河　北

响堂山石窟

邺城遗址在今河北省临漳县西南35公里处，与河南省安阳市接壤。自公元213年曹操建制邺城，后赵、冉魏、前燕、东魏、北齐分别定都于此，前后长达近八十年，邺城也因此成为北朝时期重要的政治、经济、文化中心。北朝多数皇族信佛崇佛，北齐末年，邺城地区的佛教寺院达到4000多所，僧尼数量多达8万人，形成了东方地区的佛教发展中心。今天的安阳和邯郸地区依然保留着众多北朝时期的造像遗迹，成为那个时期佛教发展的见证，响堂山石窟便是其中的一处。

响堂山石窟位于今河北省邯郸市西侧峰峰矿区的鼓山上，主要有北响堂、南响堂两处。北响堂山现存9个石窟（图2–23），共有造像700多尊。山下的常乐寺遗址现存的金代《磁州武安县鼓山常乐寺重修三世佛殿记》碑文表明，石窟开创于北齐文宣帝高洋执政时期。北齐的石窟中以第9窟（北洞）、第4窟（中洞）和第3窟（南洞）为代表。

第9窟（图2–24）俗称大佛洞，在北响堂石窟中规模第一，横深均为12米，窟顶高11.6米，中间近6米高的中心塔柱正面

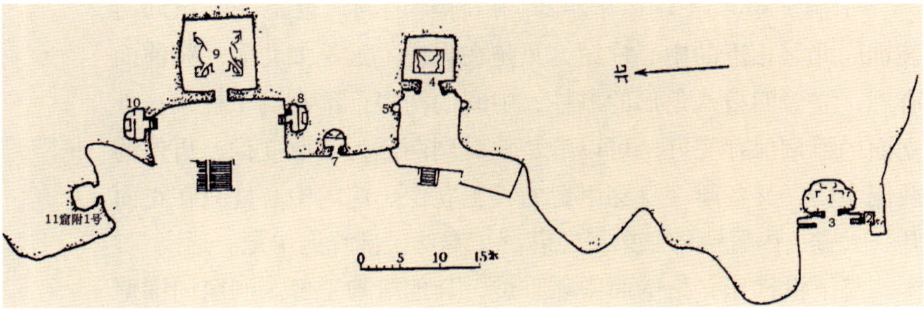

图2–23　北响堂山石窟平面图

图 2-24　北响堂山石窟第 9 窟正壁坐佛

及两侧各开一龛，龛楣装饰着山花、蕉叶，内塑有一佛二菩萨像。正面龛内的主佛像高达 3.5 米，是响堂山石窟中最大的一尊佛像。塔柱的后面则雕出过洞，以供僧侣们绕行礼拜。中心柱基座的表面开有小龛，雕刻着树、河等诸神王像，是很有地域特色的做法。窟内两壁与后壁过洞的两侧，雕刻着一系列装饰华丽的覆钵塔状的大龛，龛侧为束莲柱，由跪状的怪兽承托，柱顶装饰着火焰宝珠，柱身上还浮雕有精美的缠枝忍冬纹图案，龛顶最上面是由仰莲、相轮、忍冬和火焰宝珠共同组成的华丽的塔刹。值得注意的是，中心柱顶部一侧有石穴，似乎与北齐帝室陵墓有关。

中洞（第 4 窟）（图 2-25）俗称释迦洞，也是一座布局与装饰同北洞相近的中心柱窟，只是在规模上远不如北洞。窟前面有廊，立着四根八角形的檐柱，中间的两根下部有狮子柱础；外立面的雕刻保存完好，可以清楚地看到两侧为菩萨立像，再外的两侧龛内，又各雕一身穿甲胄的天王立像。窟内中心柱只在正面开一大龛，内置一佛二弟子二菩萨，本尊坐佛释迦牟尼，通高 3.7 米。龛下设佛坛，坛壁面中雕香炉，其他雕神王像。洞窟周围壁上刻有小龛，龛中刻有坐佛。比较特殊的是在正面大龛两侧各凿

图 2-25 北响堂山石窟第 4 窟中心方柱式塔形窟 东魏—北齐

一小门，向后与隧道贯通，洞口各有一圆雕蹲狮守护。

南洞（第 3 窟）（图 2-26）外壁面上保存着许多石刻佛经，俗称刻经洞。窟的前檐是具有典型时代特征与浓厚地方风格的仿木覆钵结构。窟前凿有四柱三开间前廊，仿木构殿宇上方凿出大型覆钵。洞内面积很大，进深 7.3 米，宽 4.33 米，高 4.25 米。洞内三面各雕一大龛，各龛内分别塑有 7 尊造像：一佛二弟子四菩萨，龛外的立面刻着华美的天幕装饰。洞内刻文最具特色，有一块公元 572 年刻成的北齐晋昌郡开国公唐邕的写经碑，还有石刻经文《维摩诘所说经》《弥勒下生经》《无量寿经》等，都是非常有名的大乘佛教经典。

南响堂山石窟（图 2-27）在鼓山南麓，旧称鼓山寺，现存大小石窟 7 座。窟群分上下两层，上层 5 座，下层 2 座。下层的第 1（图 2-28）、2 窟是中心塔柱窟，它们的基本构造同北响堂的北洞、中洞有很多相似之处：两窟均为前后室，后室设中心柱。两窟内均刻有佛教经典，第 1 窟内有《大方广佛华严经》，第 2 窟内刻《般若经》。其中在第 2 窟门外两侧的龛内，隋代磨平后

图 2-26　北响堂山石窟第 3 窟主龛

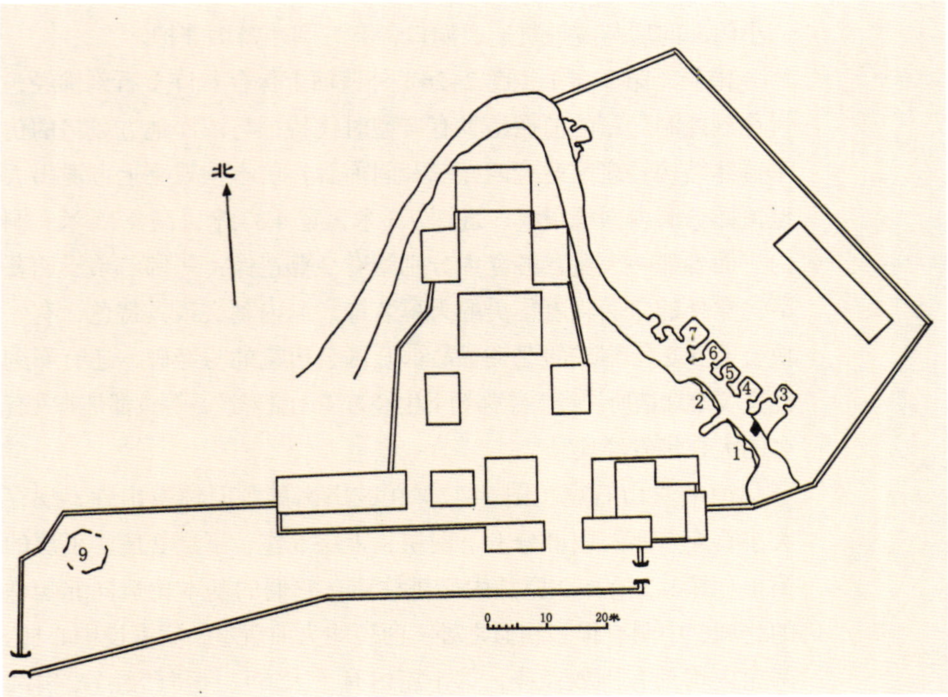

图 2-27　南响堂山石窟平面图

图 2-28　南响堂山石窟第 1 窟袁子才造像龛　隋

刻了《滏山石窟之碑》，上面记载了北齐后主高纬当皇帝的第一年，即公元 565 年，由灵化寺的比丘慧义辟山草创了南响堂，后来由当朝宰相高阿那肱出资建成这处石窟寺院，以及北周灭法事件和隋代的修残补缺等史实。

其他五所洞窟都位于第 1、2 窟的上层，全是佛殿窟的形式。其中第 7 窟（图 2-29）的保存状况是最好的。窟内共凿佛像 1028 尊，故名千佛洞。洞窟门外立着檐柱，上面雕成了屋檐的形状，形成前廊后室的格局。南北两壁及正面各开一龛，正面龛内雕塑一佛二弟子二菩萨，龛上方雕宝珠、帷幔等装饰，内部结构很像北响堂山的南洞。窟外装饰华丽，外观为覆钵塔形。刹顶分三部分：顶冠似葫芦形，由两个宝珠组成；下部是覆钵；中间为一展翅直立的金翅鸟。从南响堂石窟造像风格看，虽然它们的身躯仍算敦厚，但已不如北响堂那样健壮有力了。

与周边其他石窟相比，响堂山石窟有着较为明显的特点：石窟形制方面，出现了外观类似单层覆钵塔的塔形窟（图 2-30），

图 2–29　南响堂山石窟第 7 窟外立面图

图 2–30　北响堂山石窟北洞塔形龛

而且与有檐柱的前廊巧妙结合；人物造型方面，北齐造像逐渐摆脱“秀骨清像”的模式，形成一种造型健壮、敦实厚重的风格，人物服装也有点复古的味道——佛像流行穿印度的通肩袈裟；开窟造像与刻经并举，更是较为罕见的做法。

响堂山石窟的主要造像均在北齐时代开凿，隋、唐、宋、明亦有增建和修葺，但规模很小。北齐末年，不信佛教的北周武帝宇文邕灭齐进入邺都，宣布“毁其境之教”，响堂山佛像因此被砸毁。北周以后的朝代，佛道斗争持续不断，响堂山石窟受到不同程度的影响。20 世纪 20 年代，文物破坏之风盛行，盗凿、走私等行为猖獗，响堂山石窟也未能幸免。1956 年，当地成立响堂山石窟文物保管所（今峰峰矿区文物保管所的前身），1961 年响堂山石窟被公布为全国首批重点文物保护单位，这些举措为石窟的保护与研究提供了重要保障。自 20 世纪 30 年代以来，我国学者也对其进行调查、记录、研究，为石窟保护提供学术支撑。最近中美合作对石窟进行三维数码扫描，建立三维模型的数字影像数据库，将石窟的保护和研究提升至新层面。

第三章　东北地区

辽 宁

义县万佛堂石窟

义县万佛堂石窟（图 3–1）在辽宁省义县西北 8 公里福山南麓，处在大凌河北岸的山坡上，现存洞窟 17 个，造像 500 余尊，是东北地区开凿年代最早、规模最大的石窟群。福山也称“万佛山”，石质较软，便于开采雕刻，为石窟的开凿提供了良好的物质载体，“万佛山”名称的由来便与此有关。石窟依福山岩体的自然走向而开凿，自然形成三个小区，中区无窟龛，东区现存洞窟 8 个，窟外小龛 2 个；西区现存洞窟 9 个，窟外小龛 10 个。窟内造像除少数窟顶的护法像外，大都风化严重，或经后人改造。西区第 5 窟有太和二十三年（499）营州刺史元景的造像碑，东区第 4 窟有景明三年（502）“慰喻契丹使”韩贞的题记，证明万佛堂的始凿约在北魏孝文帝之末。

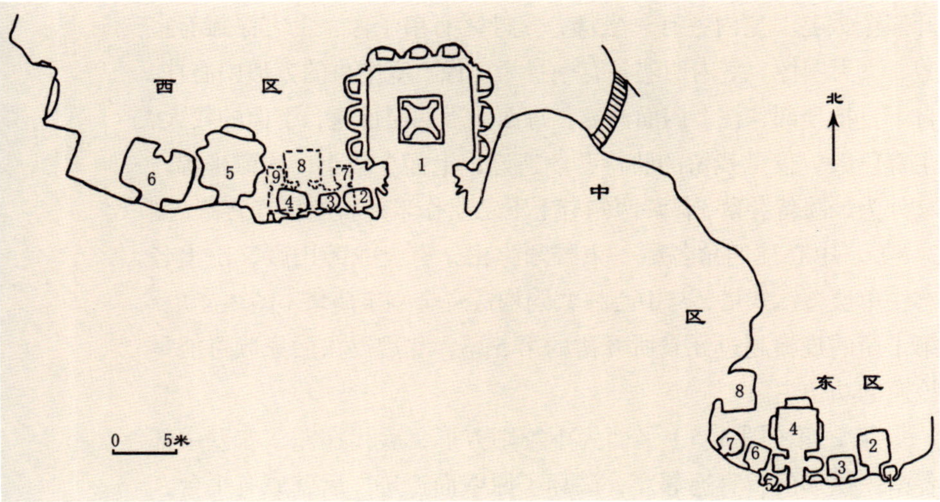

图 3–1 义县万佛堂复原图

图 3–2 西区第 1 窟前庭

西区石窟分上下两层，下层 6 大窟，上层 3 小窟。下层第 1 窟位于西区的东端，由前庭、主室组成，主室中央建有中心柱，是万佛堂规模最大、保存造像数量最多、题材最丰富、雕刻最精美的洞窟（图 3–2）。前庭平面呈长方形，东西长 7.4 米、南北宽 3.4 米，左右壁后侧原雕有力士像，后壁开三个并列的窟门，可惜已经坍塌。主室保存相对较好，平面呈抹角方形，东、西、北三壁开三个大龛，龛内各有一坐佛，龛外雕有弟子像，上方浮雕有宝盖、飞天图像。室内四隅各有一身天王像。室中央的方形中心柱，自下直抵顶部，柱上四面开龛，每面上下两层佛龛，下面的较大，主尊已毁，仅见残留的胁侍菩萨遗迹；上面龛较小，内雕坐佛，龛外为二胁侍菩萨，菩萨两侧有上下二层作半跪状的供养菩萨（图 3–3）。中心柱四角各雕一束腰须弥山，有盘龙缠山腰，山上各有一单层覆钵式塔，与中心柱共同构成一金刚宝座塔（图 3–4）。第 1 窟的规模超过元景所开凿的第 5 窟，北魏冯太后家族可能是该窟的功德主。

第 2 窟（图 3–5）平面为不规则方形，后代在左、右壁中部各凿一拱形门，直通邻窟，破坏了原壁面遗迹。后壁原有平台，上塑佛像，现仅存清代重塑的一身菩萨像。窟顶为穹隆顶，顶部

图 3–3　西区第 1 窟中心柱西面上层中部龛像

图 3–4　西区第 1 窟中心柱南面

中央高浮雕大莲花，线条直硬。莲花四面[illegible]雕两身相对的飞天。飞天高发髻，短宝缯，面相丰圆，双手合十，裸上身，下着贴体长裙，屈体向后呈“√”形，一腿向下弯曲，一腿向后弯曲，飘带缠于腿、头部。这些形象都带有明显的北魏时期造像风格。

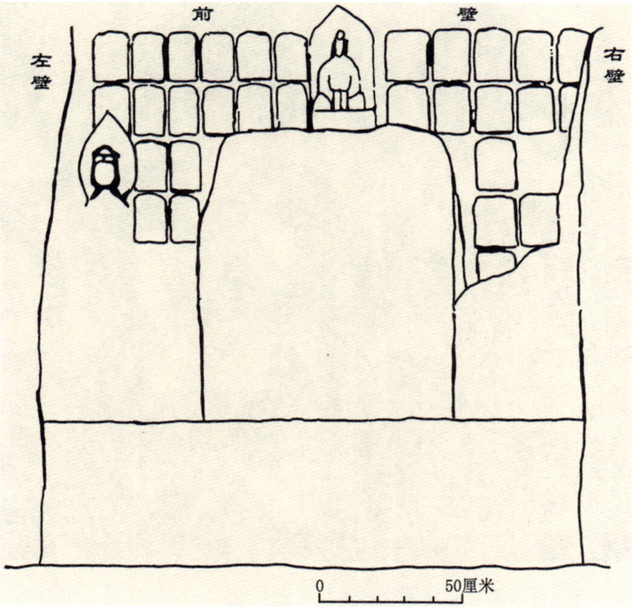

图 3–5　西区第 2 窟前壁布局图

第3窟风化严重，多数造像已经毁坏。左壁尚残存部分龛体，龛外存有一尊菩萨像，头戴高冠，面相长圆，细眉长眼，侧面向佛龛，双手合十，有尖拱形头光，腰以下残损。

第4窟为不规则长方形，高2.4米，前壁中部为圆拱形。窟门上方凿有一龛，内塑交脚菩萨（图3–6）。两侧各雕有两个大龛：左侧龛像是维摩诘、释迦多宝并坐，右侧龛像为菩萨。这五个大龛保存相对完好，其间补雕千佛龛，现存57个。窟门两侧原遍雕千佛龛，可惜东侧窟门已毁，不见龛像，西侧尚残存36个千佛龛，造像115尊。五个大龛东西并列，形象各异，特点突出。东边为屋形龛，雕有屋顶、屋脊、鸱尾、斗拱、檐额，龛内雕维摩诘像，头戴圆形冠，面相清瘦。其后有一戴高冠侍者，损毁严重，面目不清。向西是一圆拱形龛，内雕释迦多宝并坐像。再向西是舟形龛，内雕交脚菩萨，同样的高冠，面相丰圆。再向西是一圆拱形龛，内雕思惟菩萨，侧身而坐。最西边是一长方形龛，内雕一菩萨像，形象与上述思惟菩萨一样。窟内风化、崩塌严重，后壁则完全崩毁，看不出内部造像的情况。

图3–6　西区第4窟前壁交脚菩萨与供养天人

第 5 窟高约 5 米，长 7 米，前半部已经崩毁，仅存后半部。前壁面西端为著名的太和二十三年营州刺史元景造窟题记，现存碑首、碑身。碑文残留 304 字，记载了此窟开凿的年代。其题记书法精美，康有为誉之为“元魏诸碑之极品”。梁启超评为“天骨开张，光芒闪溢”。碑首为半圆形，两侧各雕两条蟠龙，龙首向下，龙身回绕碑头。碑首上方左侧残存 3 个供养人，已风化脱落。供养人上面还残存 4 个圆拱形龛，上、下各两个，龛内均雕有坐佛、莲花、飞天等。洞窟后壁原建筑及雕像早已崩塌毁坏，现存为后建。中部有 5 个圆拱形小龛，中间大，两侧略小。龛内本雕有坐佛的，也早已脱落。右壁也可见尖拱形大龛残迹，内部雕像已毁。龛左侧仍可见盘龙缠绕的须弥山，山上有庑殿顶建筑，与第 1 窟十分相似。第 5 窟窟顶为穹隆顶（图 3–7），中央雕有一朵高浮雕大莲花及飞天，飞天发髻圆而小，面相清秀，身体修长，双手合十，裸上身，下着贴体长裙，屈体向后，长裙下端变成飘带。

图 3–7　西区第 5 窟窟顶复原图

第6窟东西长8米余，可惜前半部已崩塌，尚存后壁正中的交脚弥勒坐像（图3-8），高3.2米，可知这是一所以弥勒为主尊的洞窟。发髻作波状，长眼高鼻薄唇，受犍陀罗雕刻造型的影响，与云冈同期造像风格一致。佛后座尚有阿难像，东边上部有小龛，内刻一佛二菩萨，龛下刻小坐佛8身。

图3-8　西区第6窟后壁交脚佛

西区上层有第 7、8、9 窟（图 3–9）。窟形一般呈方形，窟内风化脱落严重，遗迹基本不见，多存有残损的外立面，尚可见一些门楣、圆拱形龛等遗迹。个别龛内尚可见一佛二菩萨的雕像。

东区诸窟残损严重。第 5 窟的窟壁上刻有北魏景明三年“慰喻契丹使、员外散骑常侍”韩贞等 74 人的造窟题记，可知其营造于 6 世纪初，是关于契丹民族早期的重要史料，也是了解万佛堂石窟营造历史的实物资料。在第 6 窟后壁凿有一大龛，龛内雕出一释迦坐像，高肉髻，长眉细眼，高鼻薄唇，为北魏中期造像风格。佛像的两旁，南面浮雕有八行，每行四个千佛像；北面浮雕已经风化。

万佛堂开创之时，北魏政权已由平城迁都洛阳，其窟龛形制、造像特点较多地体现了云冈石窟的影响，成为佛教艺术从山西大同东传至东北地区的一个实例。有的还附有双耳室，造像题材有三佛、七佛、释迦多宝、维摩诘、交脚菩萨、思惟菩萨等，造像中那种面相丰圆、身体健壮的风格在云冈二期造像中比比皆是，那种面相清秀、身体修长的风格则属云冈三期的样式，因此万佛堂石窟造像是典型的“云冈模式”。

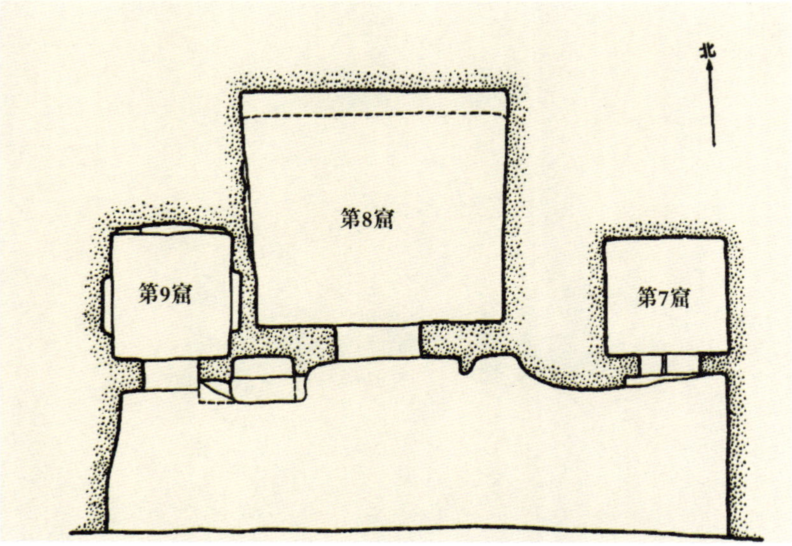

图 3–9　西区上层洞窟平面图

第四章　中原地区

河　南

龙门石窟

公元 494 年，北魏孝文帝迁都洛阳，北魏大规模开凿石窟的活动中心由大同的云冈转移到了洛阳的龙门。此后，历经东魏、西魏、北齐、北周、隋、唐、北宋诸朝代，开窟造像活动经久不衰。今天，在洛阳市伊水河两岸的峭壁上，我们依然能看到南北长约 1 公里的造像带，现存窟龛 2300 多个，造像 10 万余身，浮雕佛塔 40 多座，碑刻题记 3600 多块，其中有纪年的 700 多块，是中国石窟题记最多的一处（图 4–1）。

图 4–1　远眺龙门石窟

龙门石窟造像众多，历朝历代中开凿规模最大、技艺最高超的当数北魏和唐代的雕造。龙门魏窟是在云冈早期魏窟的基础上发展而来的。在窟门外立面的雕饰上，出现了仿木构屋顶结构，但是使用并不普遍。龙门魏窟在窟室构造上做了改进，扩大了窟门，增加了室内采光；另外，还将一尊主像安置在后壁，使前庭宽广，空间扩大，窟顶形成完整的穹隆顶，布局合理，便于礼瞻。窟中雕刻着大量的供养人及帝王、官吏的形象，表现他们虔诚礼佛的仪仗行列成为龙门魏窟的另一个特点。古阳洞和宾阳三洞最能代表龙门魏窟的艺术风格及艺术成就。

古阳洞（图 4–2）在龙门石窟中开凿最早、延续时间最长、内容最丰富，也是北魏皇室贵族造像最为集中的大窟。工匠们利用天然洞窟雕凿而成，窟高 11.2 米，宽 7.27 米，深 11.83 米，洞内四壁及窟顶雕刻各式佛龛，多达 1000 余个，碑刻题记 800 多品，是中国石窟中保存造像题记最多的一个洞窟。洞内后壁正中造一佛二菩萨，据说这铺造像是为孝文帝雕造的。主佛释迦佛（图 4–3）为高肉髻，面相长圆，身躯较为瘦削，着褒衣博带式袈裟，施禅定印，结跏趺坐于长方形台座上。胁侍菩萨头戴花蔓冠，脸庞清秀，面含微笑，表情文静端庄，姿态优美。

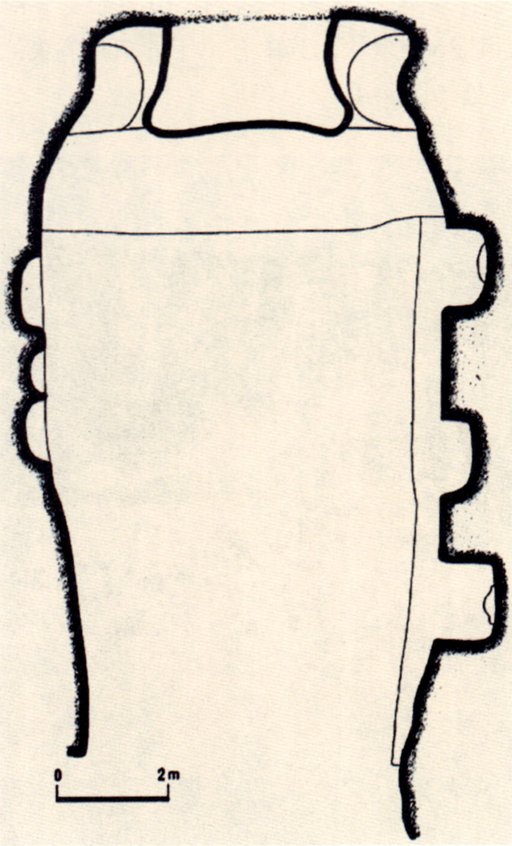

图 4–2　古阳洞平面图

图 4-3　古阳洞正壁

古阳洞内四壁及窟顶雕满大大小小各式各样的佛龛。这些龛像大都有施主造像发愿文，包括北魏皇室成员、贵族和高僧。著名的有长乐王丘穆陵亮夫人尉迟氏、齐郡王元祐等。龛楣、背光等处的雕刻精细繁缛，所表现的礼佛场面、建筑式样及龛楣装饰等图案纹样极富变化，完美地展现了当时绘画和雕刻技巧的高超水平。

古阳洞内碑刻题记(图4–4)近千品，闻名宇内的魏碑作品《龙门二十品》有十九品出于古阳洞，字形端正大方，气势刚健质朴，结体、用笔在隶楷之间，堪称魏碑精品，以其独特的魅力受到国内外书法爱好者的青睐。清代康有为在对《龙门二十品》进行了深入细致的研究之后，予以极高的评价，认为它有十美：“魄力雄强、气象浑穆、笔法跳跃、点画峻厚、意态奇逸、精神飞动、兴趣酣足、骨法洞达、结构天成、血肉丰美。”

图4–4　古阳洞《比丘道匠造像题记》

宾阳三洞（图4–5）是龙门最典型的魏窟，仿云冈石窟模式而开凿。洞窟的开凿从景明初一直持续到正光四年（500—523），其中南洞和北洞因故未能完工。宾阳中洞又叫宾阳洞（图4–6），是北魏迁都洛阳后，世宗皇帝为孝文帝和文昭皇太后营建的二窟之一。在龙门石窟的开凿中，这是花时间最长、用人工最多的一个洞窟。宾阳中洞窟门上雕双龙交缠形象，门外两侧各

图 4–5　宾阳三洞

开一屋形龛，龛内雕力士像。门甬道南侧浮雕大梵天，北侧浮雕帝释天。窟内主尊造像为三世佛，正壁雕一坐佛二弟子二菩萨像，侧壁各雕一立佛二菩萨像。前壁自上而下雕刻文殊菩萨与维摩诘居士对坐说法图、萨埵那太子本生、大型帝后礼佛图、十神王等图像。

唐朝经济发达，国力强盛，此时是龙门石窟雕刻的黄金时代。唐窟绝大部分是造像窟，药方洞、唐子洞、宾阳南洞、奉先寺、万佛洞（图 4–7）、龙华寺、四雁洞、看经寺等都是大型造像窟。另外，还有数以百计的小窟和数以千计的小龛。唐代在北朝洞窟的基础上有新的发展，流行圆形或圆角方形的列像窟，三壁前一般设低坛基，坛上雕成组列像。除列像窟外，还有摩崖大佛龛、供僧人禅修的禅窟等形制的洞窟。在造像题材上除了北朝已有的释迦牟尼佛、弥勒佛、阿弥陀佛和观世音菩萨以外，又出现了卢舍那佛、药师佛、大日如来、宝日如来、千手千眼观音、多臂菩萨和历代祖师像等。另外，文殊骑狮子、

图 4-6　宾阳中洞正壁

普贤骑象等形象也开始出现。唐窟在外立面的处理上注重简洁明快；造像布局大多是一佛二弟子二菩萨二力士二天王的形制，窟顶的飞天不再持乐器，伎乐人刻于两侧壁下层或三面环坛的立面上，有的窟还把供养人组合到正壁的一铺造像之中。各种造像精彩洒落、气韵生动，菩萨、天女，体态丰满，容貌端丽，具有动人的风姿。唐代的佛教造像人物造型丰满圆润，具有浓厚的写实意味。佛、菩萨等无不面相浑圆丰满，宽肩细腰，肢体丰满健美，而不显臃肿。尤其是菩萨造型，双肩略宽，胸部和腹肌微微鼓起，下身穿紧贴臀部和双腿的长裙，整个身体扭成三道弯，显得婀娜多姿，妩媚动人。

图 4–7　万佛洞正壁七尊佛

奉先寺主尊大卢舍那佛(图4–8),唐高宗和武则天皇后所造。它是龙门石窟的雕刻中规模最大、最具代表性的作品。造像布局为一佛二弟子二菩萨二天王二力士。该龛劈山而造，平面呈倒凹字形，露天造像，气势宏伟。龛前三壁设坛基，坛上正壁雕主尊

图4–8　奉先寺主尊

卢舍那佛，通高 17.14 米，是龙门最大的一尊佛像，面相丰满圆润，神态宁静安详，衣纹简洁明快，给人以朴实含蓄之美；二弟子虚怀谦恭，唯诺至虔；二菩萨华贵端庄，表情矜持；二天王足踏夜叉，威风凛凛；二力士刚强暴烈，雄健有力（图 4–9）。造像间既有主从、文武的对比，又有配合与呼应，是龙门唐代雕刻的精品。穿插于壁面间的 48 身立佛是开元十八年（730）内侍省高力士等人为唐玄宗所造的阿弥陀像。此外，唐代的小窟和小龛也有许多杰作。薄衣透体的优填王像、庄重的地藏菩萨像、慈和的药师、数目极多且最富变化的观世音像、形形色色的供养人像、狮子像等都是上乘之作。奉先寺的雕刻充分显示了唐代皇家石窟的恢弘气派，体现了唐帝国强大的物质力量和精神力量，是中国雕塑艺术的最高成就，是一个伟大时代的象征，是东方佛教艺术的典范。

万佛洞是龙门唐窟中的又一精品石窟，位于龙门西山中部的

图 4–9　奉先寺北壁力士头像

崖壁上，完工于唐高宗永隆元年（680）十一月，据称是为唐高宗、武则天做“功德”而专门开凿的功德窟，因窟内南北两壁雕有 15000 余尊小坐佛而得名。整个洞窟高 5.7 米，宽 5.8 米，深 6.7 米，窟内造像为一佛二弟子二菩萨二天王二力士二狮子。主佛结跏趺坐，头饰波状发髻，面相丰满圆润，两肩宽厚，衣纹简洁流畅。

图 4-10 万佛洞窟顶

后壁刻有数十枝莲花，每枝莲花上各有一尊菩萨或供养人，极富创意。南北两壁，除了坐佛，多为伎乐及舞者，这些人物手持各种乐器，生动传神。万佛洞的整体布局与对人物形象的刻画，极具世俗性。宗教的主题与“皇帝即佛”的创作意图相结合，营造了天国主宰即人间君主的氛围。从万佛洞的布局看，此洞的营建经过统一规划，整体形象彰显了大唐帝国的雄风。令人称奇的是，主持开凿的竟是两位女性官员，窟顶莲花周围的题记显示姚神表和内道场智运禅师是具体负责人（图 4–10）。两位女性，将万佛洞雕饰成一片西方极乐世界的理想国土，人们身处其中，不禁感受到热烈欢快、万众成佛的气氛，仿佛只要你愿意遵照佛祖的意愿行事，成为佛陀世界的一员就并不遥远。洞外南壁有许州仪凤寺尼真智所造的观世音菩萨像，姿态优美端庄，被誉为龙门唐代菩萨像的典范。万佛洞无论是群像的布局还是人物的刻画，都达到了形神兼备的艺术效果，突出地反映了古代工匠能把丰富的想象同现实生活紧密结合，从而淋漓尽致地展现出唐帝国繁荣昌盛的文化艺术的高超造诣。

大量的碑刻题记是龙门石窟的又一特色。其中绝大部分是造像记，也有少量修路、修佛和游人题记。在所有题记中，古拙的魏体《龙门二十品》驰名中外；唐代褚遂良书《伊阙佛龛之碑》（图 4–11）、宋代陈尧叟书宋真宗《龙门铭》亦是典范之作。数量众多的碑刻题记保存了研究龙门石窟的珍贵历史资料。此外，唐代造像记中还保存了一批有关中外交通的宝贵史料。

由于规模庞大，造像艺术水平高超，龙门石窟与山西大同的云冈石窟、甘肃敦煌的莫高窟并称为我国的三大石窟艺术宝库。

图 4–11　伊阙佛龛之碑（局部）

2000年11月，联合国教科文组织世界遗产委员会将龙门石窟列入《世界遗产名录》。从此，龙门石窟的保护和研究进入一个新的发展时期。

巩县石窟

巩县（今巩义市），地处洛阳与郑州之间，秦汉时即已在此设县，这里不仅是守卫洛阳东部的军事重镇，也是汉唐以来通向黄河北岸的要津。

北魏晚期皇室显贵对龙门石窟的经营，奠定了洛阳佛教艺术中心的地位。这极大地刺激了洛阳周边的佛教造像运动。在一系列的造像中，洛阳外围的巩县石窟是其中最耀眼的一处。石窟开凿于县城东北9公里处芒山东端大力山南麓的洛河北岸，现存5个大窟，有3尊摩崖大像、1000余个历代开凿的佛龛，摩崖造像龛200多个，造像7700余尊，以及造像题记和铭刻186篇，规模相当可观。这是除龙门石窟之外洛阳地区规模最大的北魏石窟寺。现存石窟主要分东西两区：第1、2窟在西区，第3、4、5窟在东区。

第1—4窟是方形、平顶、中央设中心石柱窟。其中第1窟最大，窟内长宽各6.5米，高6米，中心柱长宽各2.8米，基座长宽各3.5米。外立面有窟门，门上有方形明窗，门左右有金刚龛。两外侧另各有一尖拱大龛，内刻一佛二菩萨像，左右对称（图4-12、4-13）。窟内中央设中心柱，中心柱下为基座，其上刻成排的神王像，柱体单层，四面各开一帐形龛，东面为呈坐姿的弥勒菩萨，菩萨左足垂下，这是龙门和巩县弥勒菩萨所特有的姿态。其余三窟均为结跏趺坐佛，造像组合为一佛二弟子二菩萨。窟内四壁都是分成上下四层来布置的，在四壁的上部边缘，雕刻着莲花化生童子，与庐帐间隔排列，下边是一条垂帐纹，共同组成了一层帐形的装饰带。第二层占壁面高度的一半，遍刻排列整齐的千佛小龛。第三层除前壁外，其余三壁各开并列的四大佛龛，龛内主尊有释迦多宝、坐佛像、弥勒菩萨、维摩文殊对坐像。最下一层刻神兽、神王、伎乐等。窟内外相互联系为一宏伟的整体布局。

图 4-12　巩县石窟第 1 窟中心柱中央佛龛菩萨像　北魏

图 4-13　巩县石窟第 1 窟立佛像

第 2 窟为未完工的中心柱窟，窟内均为后代补凿的龛像（图 4–14）。第 3、4 窟与第 1 窟形制相同，均为方形中心柱窟。中心柱四面各开一大龛，内部造像与第 1 窟相同。与第 1 窟不同的是，窟内四壁分上、中、下三层布置。上层装饰垂帐纹；中层开有尖拱形大龛，内刻一佛二弟子二菩萨，周围装饰千佛；下层刻有怪兽、伎乐人。

第 5 窟最小，长宽各 3.2 米，高 3 米，无中心柱。窟门外是

图 4–14 巩县石窟第 2 窟东壁龛像

图 4–15　巩县石窟第 5 窟窟顶装饰

尖拱形门楣，上雕有忍冬纹，下部是二龙矫首，门外两侧各雕一金刚。第 5 窟为三壁三龛窟，正壁是盝顶天幕大龛，内造一坐佛二弟子二菩萨像。左塑弥勒坐佛并二侍立菩萨，右塑一坐佛二弟子二菩萨。主尊下方则是常见的持莲花供养人。窟顶为双层莲瓣组成的莲花及飞天形象，四角还刻出莲花化生童子像（图 4–15）。

巩县石窟除了佛、菩萨、弟子、千佛、释迦多宝并坐、维摩变、飞天（图 4–16）等北魏石窟常见的造像外，最有特色的题材是礼佛行列。尽管供养人行列浮雕形象在云冈石窟中已经出现，但因风化严重，形象难于辨认。而龙门石窟宾阳洞帝后礼佛图已被盗凿，流入美国。因此巩县石窟的帝后礼佛浮雕成为国内现存的重要代表，堪称北魏后期难得的佳作。

礼佛图现存第 1 窟 6 幅、第 3 窟 2 幅半、第 4 窟 5 幅半，分

图 4–16 巩县石窟第 3 窟中心柱南面佛龛龛楣雕刻飞天

列于上述洞窟的南壁门两侧。第 1 窟的礼佛图尤为完整、精美，位于南壁窟门东西两侧，各作 3 层，相向排列。东侧系以帝王为首的男供养人群像，其中主像 13 人，人高约 60 厘米；侍从 40 余人，较主像矮小，高约 40 厘米。上列以比丘为前导，身后各像分成三组。第 1 组最高大的一身，头戴通天冠，右手持莲枝扛于肩上，左手置于侍者所捧香炉中，两侧侍者或牵衣，或持扇、持装饰华丽的宝盖，当是皇帝或王者。其余男像皆戴高冠，各与身边持伞、扇之侍从形成一组。西侧系以皇后为首的女供养人群像，其中主像 11 人，侍从 30 余人，皆略小于东侧人物。上列图像以比丘尼为引导，后为头戴莲花冠、左提小包之主像，当是皇后（王妃），各自都有持伞、扇的侍从（图 4–17）。其余诸窟的礼佛图在构图方面与第 1 窟基本一致，但是整体气势及雕刻水平逊色不少。巩县石窟中礼佛图每层浮雕的方向、服饰一致，形成强烈的整体感，上部空间在斜向的羽扇、伞盖和飘动的结带的映衬下，配合人物

图 4–17　巩县石窟第 1 窟南壁礼佛图

的参差错落而增加了画面的变化。整个画面突出了贵族等上层人物的雍容华贵和庄严肃穆的宗教感情。

上述造像之外，有些唐代小龛雕凿得也颇为精致。如第 4 窟（图 4–18）外壁唐龙朔二年的第 119 龛，是在加工平整的长方形壁面上开凿的。佛坐莲花座，二菩萨、二弟子、二天王及二力士皆立于莲蓬、莲叶及莲花上，以莲梗将各像连接起来。龛楣由 12 个莲上伎乐天组成。龛下部刻一排栏杆及双手托栏杆的力神。龛底为 6 个怪兽，再下面为一排跪坐的供养人。在大约高 75 厘米、宽 90 厘米的平面上，形象丰富、生动有变化，是巩县石窟小龛中的优秀作品。

纵观巩县石窟的造像特点，可以看出两种明显不同的风格：一种类似于龙门石窟北魏造像“秀骨清像”的样式，另一种则是面相方圆、体态浑厚的新样式。我们通过后者可以明显地看到南朝张僧繇“张得其肉”绘画风格的影响，正是此种风格为北齐人

图 4-18　巩县石窟第 4 窟坐佛

物丰满样式的确立开了先河。从纵向看，云冈造像有开创之功，新意颇多，至龙门则更加精细而老练，巩县造像承龙门之制，较之更加沉静。巩县石窟的构图较之云冈、龙门则在层次、布局上大有精进，造像不仅主次分明、层次感强，而且充满生机，具有较强的感染力，统一性、协调性也更胜一筹。因此，尽管巩县石窟规模稍小，但是在石窟形制、题材、构图诸方面均有可赞之处，某些尚可补龙门之不足，加之其营造规格并不算低，因而成为洛阳外围地区又一颗佛教明珠。

第五章　华东地区

一、山　东

驼山与云门山石窟

山东地区的佛教造像先后经历了两次高峰期。第一次是北朝年间，此时的造像中心是济南和益都（今青州市）。现存北朝石窟主要见于济南南部的千佛山及东南部的龙洞，最早的是北魏正光二年（521），最晚的是东魏兴和二年（540）。另一个高峰期在隋唐年间，造像中心依然是济南和益都。其中益都地区的佛教造像不仅规模较大，而且特点鲜明，是东部地区佛教造像的代表。所有石窟中又以驼山石窟和云门山石窟因其保存状况良好、造像雕琢精致而最为重要。

益都为古青州，现为青州市。驼山在山东省青州市西南约6公里的王家庄西，是一处南北横亘的山岭，由于山形似骆驼而得名（图5–1）。山上风景秀丽，“驼岭千寻”曾为“青州八景”之一。山上有众多文物古迹，至迟在唐代这里就建有“驼山寺”。历代

图5–1　驼山

题刻、碑碣、古建更是多有保存。最为著名的当数北齐至隋唐年间开凿的驼山石窟。佛教造像就在驼山的顶部南面，共凿有 5 个石窟和若干个大小龛洞，造像约 638 尊，最大者通高近 7 米，最小者不足 30 厘米，造型神态各异，雕凿技艺精湛。

第 1、2、3、4、5 窟均为隋代开凿的石窟。第 1、2 窟是小型窟，方形平顶，三面有坛基，坛基窄，坛上刻一铺像。第 2 窟（图 5–2）造像为西方三圣，即主尊阿弥陀佛，左右胁侍为观世音菩萨与大势至菩萨，分别头戴化佛冠与宝瓶冠。在左胁侍菩萨像左手臂上发现的“像主伏德□□母敬造观世音”的题铭，右胁侍菩萨右手肘下的刻文“比丘尼惠褈为住□□大势至”，更加明确了左右胁侍菩萨的身份与名称。第 3 窟（图 5–3）为大型窟，窟深 2.5 米，造像内容与第 2 窟一致，主尊阿弥陀佛像高达 5 米，形象丰圆，胁侍菩萨高 3.94 米，头戴花冠，飘带下垂，着长裙，浑融圆润。左右壁刻满千佛像。主尊底座高 1 米，上刻“大像主青州总管柱国平□公（即韦操）”题记，表明了其制作年代及艺术赞助人。

图 5–2　驼山第 2 窟

图 5-3 驼山第 3 窟

第 4 窟为中型窟，正面刻一佛二菩萨，中间为倚坐弥勒佛，门两旁刻力士。大势至菩萨头戴宝瓶高冠，颈下有连环状项链，帔帛下垂于腹又上卷至肘，身前有细致璎珞。长裙曳地，满饰图案的裙带从中垂下，充分表现了隋代菩萨的特征。第 5 窟是中型窟，刻一佛二菩萨像，主尊结跏趺坐，面庞呈椭圆形，五官残缺，后有圆形头光，内饰莲花。内穿僧祇支，外穿双领下垂式袈裟，衣纹简洁流畅，手施无畏、与愿印。两胁侍菩萨面部残缺，头戴高冠，高发髻，宝缯飘然下垂，颈饰璎珞项圈，身材修长，上身袒露，服饰华丽，由右肩下斜垂帔帛，贴身长裙曳地。丰润的面相，欹斜有曲线的身材，出水式的长裙，体现出隋唐社会风俗之美。

云门山位于青州市东南约 4 公里的王家庄东北，山势东西横亘。山巅有洞通南北，远望如门在山顶云雾中，故名“云门山”。造像在山南崖壁上，有洞窟和大龛 5 个及一些小龛，由西向东分别是第 1—5 窟，共有大小造像 270 身（图 5-4）。

图 5-4 云门山石窟

第 1、2 窟（图 5-5、5-6）均为大型尖拱窟，内部造像组合一样，都是一佛二菩萨。两窟中的主佛内穿僧祇支，外披双领下垂式袈裟，圆肩丰胸，结跏趺坐，脑后有头光。菩萨像雕刻尤为精致，装饰华丽——头戴高冠，上有宝缯下垂，佩饰连珠项链，下面裙带刻出许多方格，四周作联珠纹，格中刻角技或扛托式力士像，以及莲花、忍冬的图案。第 1、2 窟内之小龛上的隋开皇十年（590）、十八年、十九年，仁寿二年（602）题刻记录了隋代造像活动的频繁。人物造型方面，浑融圆润的面相、颔首挺立的姿态、简洁疏朗的衣纹、繁饰的宝冠、飘然下垂的冠带、宽博的长裙和满饰图案的裙带，都显示出隋代造像的一般特征。另外在第 1、2 窟之间有

图 5-5 云门山石窟第 1、2 窟

燃灯佛像。第 1 窟西边小龛中有释迦多宝说法像及供养人像。第 2 窟东边小龛有唐代卢舍那佛像。这些题材使得云门造像更加丰富多样。

第 3、4、5 窟为小型窟，平顶三面有坛，内塑一佛二菩萨二天王（或二力士）。主尊一般为倚坐佛像，由于早年破坏，其头部已残，情况不明，颈部可见蚕节纹；人物圆肩，外披袈裟；菩萨雕凿华丽，胸佩项圈，身披帔帛，下着长裙。天王身穿铠甲，脚蹬长靴，胸佩护心镜，一手叉腰一手拿兵器，十分威武，与貌美的菩萨形成鲜明的对比。

值得关注的是云门山上保留有较多的题词铭刻，如唐天宝元

图 5-6　云门山石窟第 2 窟

年（742）北海太守赵居贞的《投龙诗》、唐开元十九年（731）益都县令唐明照的云门山功德录刻石、后周广顺三年（953）彭仁福的《云门山大云寺重修壁龛功德记》以及宋富弼、欧阳修、卢士宗等的题刻 20 多处。最为壮观的要属明代嘉靖年间周全所题"寿"字石刻（图 5-7），字高 7.5 米，远远望去，清晰可见，在全国实属罕见。

山东地区的佛教造像与北方其他地区相比算不上兴盛，出土较多的是单体造像和金铜佛像。石窟的开凿也不常见，济南等地的造像多是利用天然洞穴的劈面进行雕凿或依山崖开凿浅龛，缺少大而深的窟龛，真正的龛像正是始于驼山石窟与云门山石窟。

图 5-7　云门山大型寿字石刻

作为我国东部地区规模最大、保存最完整的石窟，青州石窟在佛教造像史上具有重要地位。它不仅是山东地区佛教石窟开凿的先声，而且造像表现出南北融合的特点，在全国的佛教造像中独树一帜。1996 年发现的龙兴寺佛教造像进一步印证了这一点。

二、江　西

通天岩石窟

赣州市位于江西南部，恰巧在大庾岭南北交通干道上，地理位置十分重要。赣州市西北约 12 公里有一处著名的避暑胜地——通天岩。此处有着发育良好的丹霞地貌，红色的砂石崩裂，形成许多断续的悬崖，岩壁间刻满题铭造像，这里是南方石窟造像相对集中的一处，人称通天岩石窟（图 5–8）。通天岩石窟由观心岩、忘归岩、龙虎岩、通天岩、翠微岩组成，现存石龛 279 座，造像 348 尊，多数为北宋时代的作品，仅翠微岩几尊立佛属唐代雕刻，

图 5–8　通天岩

是江西地区最大的石窟造像群。

通天岩山势合抱，景色优美，唐代以后更是发展成为文人雅士们所向往的地方。据《赣州府志》记载，宋代著名学者阳孝本曾在此隐居 20 年之久。后来苏轼因被贬官而路过赣州时，曾与之同游通天岩，两人结为至交。阳孝本死后就地安葬，后人建起“玉岩祠”，内奉苏轼、阳孝本的雕像。苏轼路过时，还去当地的慈云寺拜访明鉴和尚，并写有赠明鉴长老的诗篇。而明鉴恰恰是活跃在当地的著名佛教人物，通天岩的诸多造像都与他有关。

罗汉也叫阿罗汉，是小乘佛教里教徒修行所能达到的最高境界。通天岩最有特色的便是罗汉群雕了（图 5–9）。这些罗汉造像分散在通天岩的几处崖面上。罗汉龛内的一侧刻着罗汉的名号和明鉴劝缘的题名，另一侧刻的是施主的官职与姓名。我们通过题名可知：此像正是在明鉴和尚的劝说鼓动下，由一些有身份的官吏出资，由冯知古、冯绍父子等工匠雕刻出来的。其中的第 4、5、6、9、10、267、285 龛不仅保存完好，而且规模比较大，有的龛

图 5–9　通天岩罗汉群雕

高 2 米多，罗汉像高约 1.86 米，造型生动，不但相当清楚地表现出人物的年龄和阅历的差别，同时也将罗汉们不同的性格特征和精神风貌精准地呈现出来。明鉴以后的北宋后期到南宋初年，佛教信徒们继续出资由冯绍补凿了许多罗汉像。尽管后补造像整体上较以前略显呆板，但也有佳作。第 1 窟老年罗汉像（图 5–10），左手抚左膝，右手执杵，靠于右肩上，左肩向上高耸着，面部饱经风霜，似乎表达了对人世间疾苦的哀怜，又仿佛是对佛教深奥

图 5–10　倚坐罗汉　北宋

大法的不懈追求，真可谓形神兼备。

罗汉群像的中间是第 129 龛，内雕一佛二菩萨造像，主尊为释迦牟尼的法身像——毗卢遮那佛，左右的胁侍菩萨分别是乘象的普贤菩萨和骑狮的文殊菩萨（图 5-11）。整体看来，罗汉群像分列佛祖两侧，佛祖的形象尤为突出。当然，通天岩造像除了罗汉题材外，还有许多其他佛教形象，如第 257 龛的水月观音、第 258 龛的观音菩萨和善财童子、第 259 龛的地藏菩萨、第 273 龛的觉华如来像、第 274 龛的弥勒佛等。

图 5-11 通天岩毗卢遮那佛及胁侍菩萨 北宋

图 5–12 通天岩石刻

通天岩及其毗邻的翠微岩、同心岩、忘归岩保留有较多的古代铭文题刻（图 5–12）。清代的《赣石录》一书，曾收录其中的石刻 82 品。中华人民共和国成立后，文物部门调查发现，岩间古刻多达116品。遗憾的是抗日战争期间国民党驻军曾经炸毁过部分题刻，现保存下来的大约有 97 品。其中有很多是历代的文人官宦们游玩此地参拜以后题写下的，它们书法隽美，刻工精致，具有较高的艺术价值和历史价值。明正德十五年（1520）八月，明朝著名的哲学家王阳明也来到通天岩，题写了一首优美的诗篇，表达了对通天岩美景的流连之情。诗云：“青山随地佳，岂必故园好。但得此身闲，尘寰亦蓬岛。西林日初暮，明月来何早。醉卧石床凉，洞云秋未扫。”

通天岩石窟自唐末宋初开始雕凿，渐具规模，北宋年间更是出现了造像高潮，成为赣南地区佛教艺术的集中地。石窟内的造像被沈从文赞为“刀工精细，衣褶圆润，为雕像上乘之作”。后世名人骚客游览此地，留下墨宝，更为这处本就“生态景致宜人”的宝地平添了些许文化氛围。

第六章　西南地区

一、四　川

广元石窟

广元市位于四川省北部、嘉陵江上游，是秦陇至巴蜀的重要据点。北魏晚期，佛教徒们开始在此地开窟造像，经西魏、北周和隋，造像活动至唐代盛极一时，五代仍然不曾间断，宋代亦有人捐资凿刻。通览四川全境，广元石窟可谓开凿最早，也是该省早期石窟的主要代表，主要集中在千佛崖、皇泽寺两处。

千佛崖位于广元市城北 5 公里处的嘉陵江东岸，古金牛道就依山崖壁架栈道而行。这里的窟龛层叠分布，多达 13 层，以大云洞为中心，窟群分为南、北两段。现存大小窟龛 800 余个，造像 7000 多躯。据清咸丰四年（1854）碑所载，当时全崖造像总共有 17000 余躯。现存主要佛教洞窟有大佛洞、藏佛洞、睡佛洞、大云洞等。

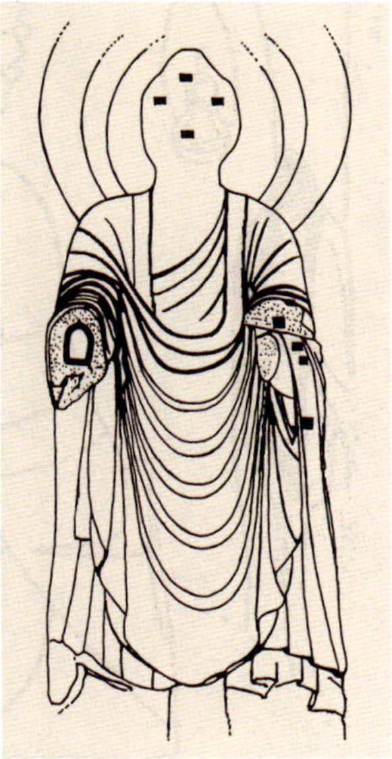

图 6–1　千佛崖第 726 窟大佛洞主佛

第 726 窟和第 226 窟是难得的北朝石窟。第 726 窟（大佛洞）平面略呈马蹄形，圆弧顶，正壁雕着一尊高 4 米多的立佛像（图 6–1）（佛两侧还有后世补刻的二弟子与二菩萨像），左右两侧壁前雕的是胁侍立菩萨像，造像均身宽体壮，面目清秀。佛身着褒衣博带式袈裟，内着僧祇支，立于莲座上；菩萨头束双髻，脸庞丰圆，腰系带，下身穿宽松的长裙。这样的造像为北魏晚期龙门石窟中所常见，具有浓厚的北魏造像的风格。

第 226 窟俗称三圣堂，位居千佛

崖中段偏下，造像略晚于大佛洞。敞口，平面为方形，在正、左、右三壁间各开凿了一所大佛龛，与中原一带北朝晚期流行的三壁三龛式洞窟构造基本一致。龛为圆拱形，内雕一佛二菩萨像。坐佛身后有舟形背光，上雕七佛。佛像面部较清瘦，结跏趺坐于长方座上，内着僧祇支，外着双领下垂式袈裟。背光处的龛壁雕飞天，飞天头束长髻，身穿交领广袖上衣，下身穿长裙，身后有圆环状披巾向上飘飞，双手外扬，身体纤细，姿态轻盈优美。菩萨像也较清瘦，束双髻，袒上身，披巾呈“×”形，立于单瓣覆莲圆座上（图 6–2）。三龛造像风格、形态一致，与麦积山、须弥山西魏、北周时期的窟龛风格类似，均符合北朝造像的艺术特色。

图 6–2　千佛崖第 226 窟北壁大龛

千佛崖造像的高峰发生在唐代，现存千佛崖石窟的大半均为唐代遗存。大云洞（第 512 窟）、菩提窟（第 366 窟）、牟尼阁窟（第 744 窟）、睡佛窟（第 746 窟）、莲花洞（第 535 窟）均是这一时期的代表洞窟。

大云洞（图 6–3）是千佛崖造像的中心，窟门外建有木结构窟檐，窟口横额为清道光十九年（1839）题“大云古洞”。洞窟为敞口，方形，平顶，高 3.8 米，宽 5.6 米，深 10.6 米。洞中迎面而立的是盛唐时期的弥勒佛像，立于窟室后部长方形坛基上。佛像高肉髻，面容丰腴，颈部雕有三道纹。圆形头光外有桃形身光，身后是长圆形的通身大背光，身光上浮雕着菩提树叶，直达窟顶。坛后部南、北各凿一方形平顶圆拱龛，龛中凿坛，上设一佛二弟子二菩萨二力士二天王二供养菩萨十一尊像。窟室两旁采用半圆雕法，雕刻出排列有序的小龛及着华冠盛服的菩萨像 148 尊。大云洞的刻石文字为千佛崖之最，有唐开元十年行孟州大都督府长史韦抗功德记、唐校书郎段文昌元和二年题记、剑州刺史李讽咸通十四年题记、内常侍田匡祚等广明二年题记等。

图 6–3　千佛崖第 512 窟大云洞

睡佛洞为敞口，横长方形，平顶，洞内为释迦牟尼的涅槃组像。佛祖呈卧状，着偏袒右肩的大衣，身后刻着十弟子及石棺。佛祖神态安详，众弟子神情不一，或悲痛欲绝，或捶胸顿足，或默然沉思。佛两侧各立一菩萨，后刻娑罗双树和天龙八部组成的双柱，直通洞顶。东、北壁刻有浅浮雕的五幅涅槃经变图，依次为：（1）六女弟子奔走相告（图 6–4），佛已涅槃；（2）自焚金棺，九人披风帽或卧或坐，上方火焰腾空，中为棺具；（3）摩耶夫人与佛相对而坐，佛身后一弟子；（4）娑罗双树下九弟子与摩耶夫人围金棺而坐，棺上方六人，下方四人；（5）十四身弟子抬金棺，棺外饰流苏，上下各七人。

图6–4　千佛崖第746窟“奔走相告”

皇泽寺石窟与东岸的千佛崖隔江遥遥相望。皇泽寺旧称乌奴寺，又名川主庙，因广元是武则天的出生地，后人将寺院改名皇泽寺，1961年被国务院公布为全国重点文物保护单位。现存皇泽寺建筑群为清代重修，以大佛楼为中心，前为则天殿，左有小南海、望江亭，右为五佛亭、吕祖阁。寺院后面山崖上便是著名的皇泽寺石窟群，现存窟龛50个，其中大窟6个，造像1203躯。以中心柱窟（第45窟）、大佛窟（第28窟）、五佛窟（第51窟）最具代表性。

皇泽寺造像年代最早的一处石窟——第45窟，俗称中心柱窟（图6-5），大约开凿于北魏晚期，窟室为方形平顶，覆斗形顶，前凿窟门，窟中央凿中心方柱，直通窟顶。窟室三壁各开凿一个

图6-5　皇泽寺第45窟

圆拱形大龛，龛楣上装饰着蟠龙、飞天，龙身交缠，回首相望；龛内雕一佛二弟子二菩萨五尊像，龛顶雕七佛、八飞天。佛坐高方座，头光中有九佛；菩萨面相扁圆，长发披肩，颈间有横纹两道，腰肢微屈。窟壁三面及中心柱上，满布浮雕千佛。从窟形和造像情况看，时代当属北周末期，唐初有所增刻，宋、明时仍有题记。塔柱浮雕及壁饰千佛像均采用平直刀法刻成，线条简洁流畅，充分显示了南北朝时期石刻造像的特点。

第28窟（图6-6）位于皇泽寺大佛楼上，俗称大佛窟，敞口，马蹄形平面，穹隆顶，是皇泽寺最大的洞窟，高6.86米，宽5.55米，深3.6米。窟内造一佛二弟子二菩萨二力士七尊像，后壁浮雕人形化天龙八部。主佛立于仰覆莲圆座上，魁伟壮观，眉宇间

图6-6 皇泽寺第28窟

透着慈祥，庄重而不失生活气息。二弟子、二菩萨，面貌清秀俊逸，雕刻刀法圆润；二力士、二天王为高浮雕，剽悍威武。其布局与北方地区唐代佛窟近似。窟后壁连顶部有高浮雕天龙八部，形象奇伟；刻于大佛右脚下合掌半跪的供养人，着唐代官服，头戴双翅纱帽，显出虔诚礼佛之容。全窟造像富丽堂皇，雄伟劲健。

五佛窟（第 51 窟）由 5 个佛龛组成，敞口外方内圆大窟，窟口方形，内凿圆拱龛。平面呈马蹄形，窟顶为穹隆形，环壁设有低坛基，坛上塑一佛二弟子二菩萨五尊立像（图 6–7）。主尊为释迦牟尼像，立于圆座上，椭圆形头光外有桃形光，中饰忍冬、火焰纹。螺髻，鼓腮，身穿通肩式袈裟，衣纹纤细流畅，质感很强。两边的菩萨，戴珠冠，束发髻，胸前手臂满饰瓔珞珠宝，帔巾垂

图 6–7　皇泽寺第 51 窟五佛窟

肩而下，下着罗绮，轻盈潇洒，立于莲座之上。龛后壁浮雕有双树及人形化天龙八部护法像。从形制和造像风格看，具有隋或初唐时期的特点。

广元石窟北朝至盛唐造像，从规模、内容及雕刻水平看，与同时期中原北方诸窟如云冈、龙门等，堪称同步。广元石窟的兴起，无疑为唐以后四川地区石窟造像高峰期的到来准备了条件。从这个意义上讲，大足石刻在唐宋年间的繁荣并非出于偶然。

大足石刻

大足区在重庆市西郊，位于成渝之间的要道上，因其境内石刻造像众多而被誉为“石刻之乡”。大足石窟就是对分布于县城周边的石刻造像的统称。从目前的存留看，北山、宝顶山、南山、石篆山、石门山等处摩崖造像约 2 万尊，特色鲜明，具有较高的艺术价值、科学价值和历史价值。公元 758 年（唐乾元元年）大足县建立，隶属昌州。公元 885 年，昌州由静南县迁治大足，直到南宋末年，这里一直是昌州州治所在地。佛教的石窟造像活动基本上自唐末至宋代期间完成，其间有两次大规模造像高峰，第一次是唐末至五代，第二次在宋代。唐末五代时期的造像主要集中在北山的佛湾，宋代的造像则集中在宝顶山道场。因此，通过北山和宝顶山造像，我们就可以清楚地感受到唐末至宋代石窟艺术的精华。

北山造像集中在佛湾（图 6-8）。造像崖面长约 300 米，高 7—10 米。窟龛密如蜂房，分为南、中、北三段：南段多为晚唐和五

图 6-8 北山佛湾造像（局部）

代时期的作品，北、中段多为两宋时期的作品。现有窟龛通编为290号，造像近万尊，其中造像264窟龛，阴刻图1幅，经幢8座。公元892年，昌州刺史、静南军节度使韦君靖在县城北龙岗山（今北山）营建“粮贮十年，兵屯数万”的永昌寨的同时，首先在北山凿造佛像。此后，州、县官吏和当地士绅、平民、僧尼纷纷效仿，直到公元907—965年间（时为五代十国时期）佛像营造不断，形成大足石刻史上第一个造像高潮。

北山唐末五代造像丰润端庄，气势宏伟，衣纹细密，薄衣贴身，颇具盛唐遗风。第5号毗沙门天王龛、第9号千手观音龛（图6–9）、第10号释迦牟尼龛、第51号三世佛龛、第52号阿弥陀佛龛、第245号观无量寿佛经变相龛都是这一时期的代表作。尤其是观无量

图6–9 北山佛湾第9龛千手观音 唐末

寿佛经变相龛，不仅内容丰富，雕工也相当精致。龛高 4.7 米，深 1.18 米，系以雕刻形式表现的西方极乐净土。主像为阿弥陀、观音、大势至三尊组成的西方三圣，坐于莲花宝座上，顶上各有宝盖，宝盖之上刻满天宫楼阁。莲座旁及南北壁面遍刻无数小菩萨，或坐莲花上，或拱手站立。佛左右有经幢，两菩萨外上侧有七宝树。幢、树上皆起云气，顶层左右也有楼阁栏杆，云间刻八功德水池，有荷、菱等；宝树前有飞天乘云演奏天乐，池中有人划船。龛顶中央一朵大莲花，四周绕以飞天、各种丝竹管弦乐器、祥瑞神鸟。在佛、菩萨座底栏杆下面，刻出三品九生、诸菩萨像 7 层。龛正壁及左右壁底层分成 11 个竖方格，浮雕《阿阇世太子幽闭父王母后图》。龛外侧左右门框分 10 格，浮雕十六观。全龛的佛、菩萨、诸天以及供养人等人物形象共计 560 余身，大者 54 厘米，小者 2.5 厘米，或坐或立，十分生动。整体结构布局既整齐又富于变化。

北山宋代的造像以观音最为突出，有着“中国观音造像陈列馆”的美誉。此时雕像贴近生活，人物个性鲜明，着装华丽，仪态优美。如第 136 号的转轮经藏窟、第 155 号的大佛母孔雀明王窟（图 6–10）、第 125 号的数珠手观音、第 113 号的水月观音、第 177 号的泗洲大圣龛皆为宋代珍品。第 136 号是塑像精美的宋代洞窟，高 4.05 米，宽 4.1 米，深 6.79 米，平顶长方形中心柱窟，中心柱为八角盘龙转轮经藏，直径 2.61 米，柱上部为 8 根小柱，上各盘一龙，龙柱上顶八角飞檐。柱底部为须弥山，山下刻一大蟠龙，首尾相交于正面；座上围一圈栏杆，刻有约 50 个嬉戏的儿童，神态活泼。洞窟正面主像为释迦牟尼坐像，两侧分列阿难、迦叶、童子及男女供养人。南壁是文殊、玉印观音、如意轮观音；北壁是普贤、日月观音（图 6–11）、数珠手观音。文殊面孔丰腴，精神饱满，性格开朗。普贤则身材修长，面容韶秀，气质典雅。窟内共有八尊菩萨，侍立供养者 10 余身，人物造型严谨，神情刻画入微，表现了不同的形体特征及各异的神态。窟龛整体性强，当是苦心经营、力求完美的一处殿堂。编号 155 的大佛母孔雀明王窟，平面呈长方形，高 3.47 米，宽 3.22 米，深 6.07 米。主像为大佛母孔雀明王菩萨，面西北，结跏趺坐于莲座上。明王头戴花冠，两耳垂环，胸前满缀瓔珞珠饰，整体端庄华美。脑后有圆

图 6-10　北山第 155 窟孔雀明王

图 6-11　北山第 136 窟日月观音

形火焰背光，身有四臂，手分别托经书、握扇、托如意珠及持孔雀羽毛等。莲座托于孔雀背上，孔雀双翅展开作欲飞状，尾后翘，通过主像身后直达窟顶，并向前弯于主像头上，形成身光。窟四壁刻满千佛。基座左侧有一题记："丙午岁伏元俊、男世能，镌此一身。"据此可以考证造像的年代等信息。

综合来看，北山造像题材十分丰富，以佛教密宗为主。造像雕刻细腻、艺精技绝、精美典雅，充分展示了公元 9 世纪末至 12 世纪中叶（晚唐、五代、两宋）中国民间佛教信仰及石窟艺术风格的发展、变化。

宝顶山的造像与著名的佛教人物赵智凤有关。南宋淳熙至淳祐年间（1174—1252），时称"六代祖师传密印"的大足僧人赵智凤，承持晚唐川西柳本尊创立的佛教密宗教派，到宝顶山传教。为弘扬佛法，他四方募捐凿造佛像近万尊，建成了中国佛教密宗史上仅有的一座大型石窟道场，使大足石刻造像达到鼎盛。不仅僧俗慕名而来，石刻高手也聚集于此，一时间宝顶山成为中国佛教密宗成都瑜伽派的中心地。造像按道场要求，以圣寿寺为中心，在大、小佛湾的崖壁上刻有宏伟的灌顶坛、俗讲道场和四方结界三大造像群。

大佛湾位于圣寿寺左下一个"U"字形的山湾。崖面长约 500 米，高约 8—25 米。造像刻于东、南、北三面崖壁上，通编为31号。以第14号毗卢道场为中心，东有孔雀明王窟（第13窟），南有千手观音（第 8 窟），西有风、雨、雷、电诸神（第 16 窟）。除毗卢洞及圆觉洞外，均为摩崖造像群，计有护法神像、六道轮回图（图 6–12）、广大宝楼阁、华严三圣、千手观音、佛传故事、释迦涅槃圣迹图、九龙浴太子、孔雀明王经变相、毗卢道场窟、父母恩重经变相、雷音图、大方便佛报恩经变相、观无量寿佛经变相（图 6–13）、六耗图、地狱变相、柳本尊行化图、十大明王、牧牛图、圆觉洞、柳本尊正觉像等。窟龛间既有教义上的内在联系，又有形式上的相互衔接，形成一个有机整体，以六趣唯心始，以柳本尊正觉成佛终，有教有理，因果相袭，十分完备。小佛湾位于圣寿寺右侧，主要建筑为一座石砌的坛台，高 2.31 米、宽 16.5 米、进深 7.9 米。坛台上用条石砌成石壁、石室，其上遍刻十方诸佛、

图 6-12　宝顶山大佛湾第 3 龛六道轮回图　南宋

六祖师和破三昧耶戒受罪场面。主要的造像题材有祖师技身经目塔、七佛塞壁、报恩经变洞、殿堂月轮佛龛及十恶罪报图、毗卢庵洞、华严三圣洞（图 6–14）、灌顶井龛等。

宝顶山石刻题材以佛教密宗故事人物为主，宛若一处大型的佛教用地，展现了宋代石刻艺术的精华。石刻气势磅礴，宛如一卷镌刻在崖壁上的连环图画，内容前后连接，雕像无一雷同。而且佛教的世俗化、民族化、生活化特色显著，如父母恩重经变相通过求子、怀胎、临产，以及婚娶、送别等一系列日常生活情节，淋漓尽致地表现了父母含辛茹苦养育子女的过程，形象生动，感人肺腑。《牧牛图》（图 6–15）长达 30 余米，刻出林泉山涧、云雾缭绕，其间穿插“十牛、十牧”，抒情诗般地再现了牧牛生活。雕刻大师们体验生活之精微，再现生活之准确，令人叹服。此外，宝顶山摩崖造像中存留的碑碣、题刻、游记、诗词等文字材料，对研究宝顶山石窟史乃至中国密宗史都具有重大学术价值。

其他如南山摩崖造像，主要是道教造像，开凿于南宋年间，以

图 6–13　宝顶山大佛湾第 18 龛观经变相图全景　南宋

图 6-14　宝顶山大佛湾第 5 龛华严三圣

真武大帝题材为主；石篆山造像（图 6-16）中释、道、儒“三教”合一的造像比较有特点，其他地区基本不见，反映出当时宗教融合的某种形势。石门山造像也是宋代开凿的，以佛、道合一为主要特点。总之，大足石刻题材多样，内容丰富，佛教造像包含了净土宗、华严宗、禅宗和密宗等题材，反映了宋代佛教各宗派之发达交融。同时，佛教石窟造像与儒家造像、道教造像集中相处，处处体现着浓厚的生活气息，在石窟艺术中独树一帜。论开凿规模之大，造像雕刻之精，内容安排之丰富，大足石窟都可以算得上公元 9 世纪至 13 世纪中叶世界石窟艺术中极为辉煌而灿烂的一章。1999 年被联合国教科文组织列入《世界遗产名录》，真乃实至名归。

图 6-15 宝顶山第 30 号《牧牛图》

图 6-16 石篆山第 8 龛老君龛 北宋

二、西　藏

古格王国的佛教遗迹——阿里地区石窟寺巡礼

西藏地区是藏传佛教的主要分布地。由于传承的不同，藏传佛教形成了不同的派系，如宁玛派、噶当派、萨迦派、噶举派、格鲁派等。15 世纪初由宗喀巴大师创立的格鲁派后来发展为政教合一，以教统政，成为藏传佛教中势力最大的派系。随着佛教在西藏的传播和发展，印度、尼泊尔和汉地的佛教艺术也给西藏艺术注入了新的血液，经过吸收、融合和改造，形成了独具特色的西藏佛教艺术。石窟是西藏佛教艺术的重要组成部分，西藏自治区文管会的调查结果表明，西藏地区是中国晚期石窟寺的主要分布区域之一，主要集中在拉萨、日喀则、阿里、林芝、昌都等地，其中西部的阿里地区的佛教艺术形式就以石窟寺为主。

阿里地区札达县境内的象泉河流域，历史上曾是古格王国统治的中心区域。古格王国是吐蕃王朗达玛的后人柯让合并布让地区后建立的政权。柯让热心发展佛教，建立寺庙，派人去迦湿弥罗（今克什米尔）学习佛法，请东印度高僧来古格传授戒律。他本人更是以出家僧人自命，取法名意希沃。在其治下，古格地区的佛教融合本地的苯教，并吸收印度、尼泊尔及汉地的佛教内容，获得极大的发展。当地的石窟开凿当时也蔚然成风。阿里地区现存的石窟主要有东嘎皮央石窟、扎布让石窟、丁穹拉康石窟；当地的文物部门与四川大学联合进行调查，又有一些佛教石窟相继被发现，其中比较重要的数东嘎皮央石窟、帕尔嘎尔布石窟、吉日石窟、卡俄普石窟、西林衮石窟。（图 6–17）

1992 年西藏地区文物普查中，联合调查队在札达县境内的东嘎、皮央两村发现了规模较大的石窟遗迹，由于两村相距较近，便将这一带的石窟命名为“东嘎皮央石窟”（图 6–18）。东嘎皮

图 6-17 山崖上密密麻麻的洞窟

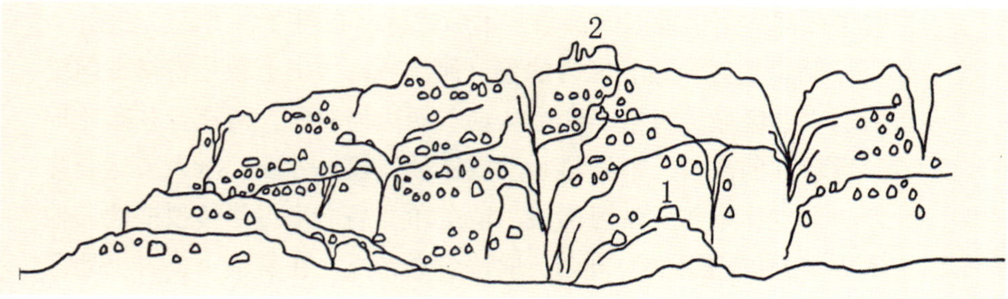

图 6-18 皮央 1 区部分石窟分布图

央一带现存大小洞窟 1 千余座，其造像风格堪称西藏前弘时期石窟造像的代表。佛殿窟和佛坛窟两类窟形（有人把这两类窟形统称为礼佛窟）最多，也是阿里石窟中最具特色、最为典型的洞窟。这些礼佛窟大多呈方形，窟内一般设坛置像、建塔供养和绘制壁画。窟顶形式多样，有多重同心圆形套顶，有“斗四套斗形”。部分窟内左、右、后三壁开有佛龛，龛内原来都有泥塑佛像，现已经基本不见，只残留些许头光与背光的贴塑（图 6-19）。倒是

图 6–19　东嘎第 1 地点第 2 窟内景

窟内壁面上多保留有色彩绚丽的壁画。壁画一般装饰在窟顶、四壁、门楣等重要部位。斗形的窟顶通常会在中央部位绘莲花图案，个别窟顶做成曼荼罗（坛城）式样，顶部中央绘制密宗系统的神像（图 6–20）。洞窟四壁的壁画分层布置，上层在显要位置绘有各种佛像、菩萨像、护法神像及曼荼罗图案，其间配以比丘、飞天、供养人及各种说法、礼佛场面；下层已经接近窟底，通常绘有佛传故事图，环绕四壁，有些则采用分格绘制的方法，每一方格内都绘有一个佛传故事，这些做法与克孜尔石窟多少有些相似。而窟门门楣上方，常见的图像是些供养人、小神之类的。从壁画的题材看，东嘎皮央石窟有着十分鲜明的地域特色。佛像形式众多，既有大乘佛教显宗佛，也有大乘佛教密宗佛、释迦牟尼佛、无量佛、无量光佛、大日如来、不动佛、月明佛、吉祥精华之光佛等等。组合形式上，既有一佛二弟子、三世佛、五部佛，也有七佛、十方佛、三十五佛。最为独特的当数一种莲花佛（图 6–21），通

图 6-20　宝生佛

图 6-21　莲花佛

常一组莲花图案当中会绘制佛像，莲花中心圆圈内一佛稍大，周边绕以数朵莲瓣，每朵莲瓣内还绘有一尊小佛像，常见莲花九佛、莲花十佛，这类密宗题材的佛像配置方式独特，具有非凡的宗教意义。

帕尔嘎尔布石窟地处环境优美的自然山谷仲丹沟内，东面是起伏平缓的山丘。石窟分四层排列在山麓崖面断面的中腰部。一至三层较低，有些已被当地居民改造成羊圈。第四层有四个洞窟，洞口距地表达 10 米，故保存最好。K1—K4 四个洞窟（图 6-22）基本处于同一平面，且彼此相通。大都是平顶，形状为不规则的

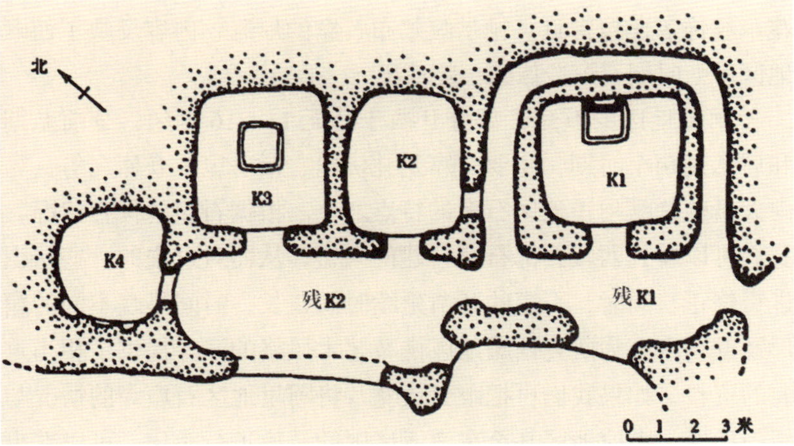

图 6-22　帕尔嘎尔布石窟平面分布关系图

图 6-23　帕尔嘎尔布 K1 壁画上层兽首衔垂帐纹

方形，窟内通常设有佛龛或佛坛，内塑佛像，窟内四壁绘有壁画。其中 K1 窟内门道两侧、西壁、东壁及北壁等位置有保存完好的壁画。壁画大体上分成三层：上层是连续的兽首衔垂帐纹饰（图 6–23），环绕各壁一周；中层是佛教曼荼罗、主尊像、小像等，构成了壁画的主体部分；下层是连续的菱形边饰纹带，环绕各壁一周。从壁画的构图来讲，主尊像占据着壁画的主要位置，两侧绘有站立的胁侍菩萨，呈“七分面”朝向主尊；主尊像的台座为背龛式，台座的上方和两侧也都绘有造型生动的“六拏具”。从绘画题材看，佛、菩萨、佛母、度母、弟子、护法神、力士、飞天、供养人，佛传故事、说法图、礼佛图，各种密宗曼荼罗以及动植物、花草纹饰等比较常见。帕尔嘎尔布石窟的形制、内容反映了西藏地区后弘时期石窟造像的一般情况。

阿里地区的石窟大部分开凿于公元 11—16 世纪，分前弘期和后弘期两个时期，主要石窟是礼佛窟、僧房窟、仓库窟等，窟内大量壁画是阿里地区石窟的特点之一。根据石窟的保存状况，我们可以看到西藏西部石窟营建的兴盛，从而对过去的一些认识进行修正。同时，石窟的开凿延续时间较长，时间早晚不同的窟形及壁画内容为研究西藏地区佛教艺术风格的演变提供了相当重要的资料。如果我们再把眼光放宽，将阿里地区石窟寺的情况与新疆地区、中原地区甚至东南亚诸国的石窟进行对比，可以看出本地区石窟艺术的普遍性与独特性。从中我们既可以找出阿里石窟艺术的独特风格，也可以看到其对周邻地区养分的吸收与融合。

三、云　南

云南石钟山石窟

云南省西北部的剑川县城属大理白族自治州，城西南 25 公里处有一山，山上有像钟一样的巨石，故名石钟山。此山是石宝山的一个支峰，群山环抱，林木掩映，奇峰峻峭，怪石矗立，使得这一带的风景久负盛名。山中寺庙一座，名曰石钟寺，创自盛唐时期，经历数百年的风雨沧桑，原建筑早已荡然无存。现在的寺庙是清代重修的。石钟山石窟位于寺庙附近的悬崖峭壁之上，自南诏（唐）至大理国（宋）时期，数百年间逐步开凿而成。从目前的发现看，共有 17 窟，分布于石钟寺、狮子关和沙登箐三区。

石钟寺区有 9 窟，是石钟山石窟中规模最大、内容最丰富、艺术水平最高的石窟。其中第 1、2 两窟的古代国王造像，场面宏大，人物众多，是南诏国王生活的写实性群雕，在中国古代雕刻艺术中具有特殊地位。

石钟寺第 1 窟（图 6–24）为佛殿窟，高 1.34 米，宽 1.7 米，深 0.4 米。窟外檐雕刻成三重纹饰图案。内雕一长方形低坛，坛上刻 9 个人物。正中是端坐于龙头椅上的南诏王异牟寻，头戴金刚宝塔莲花高冠，身着圆领宽袖长袍；王脚前正中刻有童子一人，盘坐云中，头顶、右手托莲台，上置三盘供品。王左右两侧是手持宝剑的武士，身后是持长柄扇的侍从。王左侧侍从后是持赤藤杖的清平官。另外窟左右两壁对坐着清平官郑回和杜光庭，头戴短翅高幞头，身着圆领宽袖长袍，脚穿靴子。造像中的人物多有据可查，《蛮书》有清平官带着赤藤杖跟随王子寻阁劝去长安朝见唐朝皇帝的记载，此处提供了赤藤杖的图像资料，异牟寻和郑回曾为促进南诏和唐朝友好、加强民族团结做出过重要贡献，此窟造像从一个侧面反映了这一历史事实。

图 6-24　石钟寺第 1 窟

图 6-25　石钟寺第 2 窟

第2窟（图6–25）在规模大小、构图内容等方面都和第1窟十分相似。在高1.46米、宽1.52米的石窟内，工匠们运用高超的雕刻技艺，配合完美的设计规划，把整个洞窟装扮成了一所富丽堂皇的大厅。整个窟模仿了一间木构堂屋建筑，窟檐雕成三重：第一重雕花纹图案，第二重雕连珠纹，第三重雕垂幛纹。檐内挂起人字形幔帐，左右两头高高收起，与雕花隔扇相连。全窟共雕16人，主次分明、排列有序，表现了王者外出坐朝的场面。雕像当中是盘坐在双龙头椅上的南诏王阁罗凤，相貌庄严。头上戴着云南古代少数民族特有的王冠（即《蛮书》中说的“头囊”），身上穿着圆领宽袖长袍，宝座的装饰异常豪华；国王身边簇拥着宫廷侍从和武士们，或执旗抱剑，或捧瓶拿扇，神态各异，栩栩如生；窟门两侧刻着相互对坐的官员形象，居右者是南诏史上著名的阁陂和尚，此人乃阁罗凤之弟，曾奉命出使吐蕃，吐蕃王奖其“扛伞”，这尊塑像身着大领僧衣，罩着袈裟，手执念珠，背后插吐蕃王奖的曲柄伞，人物特征十分鲜明。石窟场面宏大，布局匀称，是南诏宫廷生活的真实写照。这种将现实形象融入佛教造像的做法，固然可以让人从中一窥当时的真实生活，同时也说明佛教在当地已经极为世俗化，佛教的影响相当广泛，其所传达的佛教兴盛的状况一目了然。

第3—9窟的造像题材以佛像为主，但各窟间又有所区别。第6窟规模较大，窟长11.6米，窟后壁凿有6根方柱，将空间分隔成5间。第3、4柱之间的后壁上凿出一个圆拱形龛，内雕释迦佛配二弟子。左右四间雕刻着八大明王，通过旁边的榜题可以分辨出“大圣西北方大笑明王”“大圣西方马头明王”“大圣西南方大轮明王”“大圣南方无能胜明王”“大圣北方步掷明王”“大圣东北方不动尊明王”等形象（图6–26）。明王两侧继续雕刻多闻天王、增长天王等形象。第8窟极为特殊，龛像分上下两列分布。上列正中是圆拱形龛，居中位置现存一处锥形物高浮雕，锥形物中央刻一凹槽，当地民间称为“阿姎白”（女性生殖器）。周围刻着云纹、莲花、流苏、荷叶及榜题等内容。龛左右还存留着结跏趺坐的佛像、天王像、菩萨像等。按照佛教的造像规律，第8窟正中位置当是主尊佛像，与两边的佛像形成三世佛的组合。

图 6-26　石钟寺第 6 窟八大明王堂

而“阿姎白”的出现与其周围的佛像显得极不协调，推测最早圆拱形龛中塑有佛像，后被毁。相当一段时间之后，又有人在中间凿以“阿姎白”，于是出现了佛教造像与当地生殖崇拜物共处一地的奇特景观（图 6-27）。

狮子关区共有 3 窟，最有生活气息的当数第 3 窟了。该窟为

图 6-27　石钟寺第 8 窟剑川石窟

南诏王全家造像，俗称“全家福”。石窟在山崖上，隔着一条深沟与石钟寺相连。窟外上方覆着一块巨石，仿佛天然的屋檐，窟内正中刻有一个长方形座，座的前面有一张桌子，上面摆着几件器皿，座子后面是一个屏障。屏障上绘有红、绿两色帐幔。座上有五个雕像。国王夫妇端坐宝座上，神态恭敬。王在右，头戴黑色高冠，方面圆目，胡须满腮，衣上涂黄色，手执笏（图 6–28）；妃在左，戴莲花冠，方面长目，着圆领锦袍（图 6–29）。两人中间坐一小孩，左右两侧为男女孩各一。一家五口的后面是一个大屏风，宝座的左侧有一位老年女性，手执羽扇，侧对王妃。右侧是一位男性老者，头戴冠，身着锦袍，上体前趋，一手握笔，一手拿记录簿。造像题记云：“大圣圣躅罗（？）大王及后妃男女侍者等尊容，元改（汶？）造像，昌宁记之。”整个造像似乎表现了国王一家在后宫中迎接贵宾，又像是举行团圆宴会。

第 1 窟立面作圆拱形，平面呈半圆形，在巨石上雕刻一高鼻深目的人像，高 0.94 米，手执器物，脚穿高靴，腰系一带。窟旁竖刻“波斯国人”四个大字，实为天竺僧人。第 2 窟位于狮子关的峭壁上，有浮雕梵僧观音立像一尊，俗名“酒醉鬼”，高 2 米，左手执一瓶置于胸前，右手向上指，左侧有一犬，颈系铃，作止步回首反顾状。

沙登箐区的 5 座窟多为小型窟龛，造像内容大都为佛像，有弥勒佛、阿弥陀佛、天王及塔，雕工粗犷，别具一格。第 1 窟造像分上下两层：上层为浅浮雕龛，下层为深龛。造像单纯，为成组的弥勒佛和结跏趺坐的阿弥陀佛像，下层正中小佛像莲座下刻有“敬造弥勒佛、阿弥陀佛，国王天启十一年七月廿五日题记”。正是这些题记，表明第 1 窟是石钟山石窟群中年代明确的最早的石窟。

石钟山石窟布局紧凑匀称，造型生动，形象逼真，雕刻技巧纯熟，许多题材与全国其他地区的石窟一致，如毗卢遮那佛、药师佛、弥勒佛、观音、文殊、普贤、大黑天神等形象，体现了佛教造像艺术的一致性。然而石钟寺第 1、2 窟王者像，狮子关的“全家福”，石钟寺第 6 窟的八大明王等造像则体现了不同于其他地区佛教造像的另一种风格，为研究南诏和大理国时期的佛教提供了珍贵的图像材料。

图 6-28　狮子关大王像

图 6-29　狮子关后妃像

参考文献

中国大百科全书总编辑委员会、《文物·博物馆》编辑委员会：《中国大百科全书：文物·博物馆》，中国大百科全书出版社 1993 年版。

中国石窟雕塑全集编辑委员会：《中国石窟雕塑全集》，重庆出版社 1999—2001 年版。

宿白：《中国石窟寺研究》，文物出版社 1996 年版。

李裕群：《古代石窟》，文物出版社 2003 年版。

常青：《佛祖真容——中国石窟寺探秘》，四川教育出版社 1996 年版。

罗哲文等著：《中国名窟——石窟寺 摩崖石刻与造像》，百花文艺出版社 2005 年版。

温玉成：《中国石窟与文化艺术》，上海人民美术出版社 1993 年版。

季羡林：《敦煌学大辞典》，上海辞书出版社 1998 年版。

刘长久：《中国西南石窟艺术》，四川人民出版社 1998 年版。

常书鸿：《新疆石窟艺术》，中共中央党校出版社 1996 年版。

北京大学考古学系、克孜尔千佛洞文物保管所：《新疆克孜尔石窟考古报告》（第一卷），文物出版社 1997 年版。

敦煌文物研究所：《中国石窟·敦煌莫高窟》（第一卷），文物出版社 1982 年版。

文化部社会文化事业管理局：《麦积山石窟》，文物出版社 1954 年版。

天水麦积山石窟艺术研究所：《中国石窟·天水麦积山》，文物出版社 1998 年版。

甘肃省文物工作队、炳灵寺文物保管所：《中国石窟·永靖炳灵寺》，文物出版社 1989 年版。

甘肃省博物馆、永靖炳灵寺文物保管所：《炳灵寺石窟》，文物出版社 1982 年版。

宁夏回族自治区文物管理委员会、中央美术学院美术史系：《须弥山石窟》，文物出版社 1988 年版。

云冈石窟文物保管所：《中国石窟·云冈石窟》（第 1 卷），文物出版社 1991 年版。

云冈石窟文物保管所：《中国石窟·云冈石窟》（第 2 卷），文物出版社 1994 年版。

李裕群、李钢：《天龙山石窟》，科学出版社 2003 年版。

赵立春：《响堂山石窟的编号说明及内容简录》，《文物春秋》2000 年第 5 期。

刘东光：《响堂山石窟的凿建年代及分期》，《华夏考古》1994 年第 2 期。

赵立春：《响堂山北齐“塔形窟龛”》，《中原文物》1991 年第 4 期。

刘建华：《义县万佛堂石窟》，科学出版社 2001 年版。

龙门文物保管所、北京大学考古系：《中国石窟·龙门石窟》，文物出版社 1992 年版。

龙门文物保管所：《龙门石窟》，文物出版社 1980 年版。

河南省文化局文物工作队：《巩县石窟寺》，文物出版社 1963 年版。

郭建芬：《碑刻造像》，山东友谊出版社 2002 年版。

广元皇泽寺博物馆、成都市文物考古研究所：《广元石窟》，巴蜀书社 2002 年版。

罗宗勇：《广元石窟艺术》，四川美术出版社 2005 年版。

大足县文物保管所：《大足石窟》，文物出版社 1984 年版。

刘长久、胡文和、李永翘：《大足石刻研究》，四川省社会科学院出版社 1985 年版。

四川大学中国藏学研究所、四川大学历史文化学院考古系、西藏自治区文物局、西藏阿里地区文化广播电视局：《西藏阿里札达县帕尔嘎尔布石窟遗址》，《文物》2003 年第 9 期。

霍巍：《西藏西部佛教石窟壁画中的波罗艺术风格》，《考古与文物》2005 年第 4 期。

刘长久：《云南剑川石钟山石窟内容总录》，《敦煌研究》1995 年第 1 期。